谨以此书献给川藏公路、青藏公路

建成通车70周年

天路见证

川藏公路甘孜段
『两路』精神传承史

甘孜藏族自治州公路建设服务中心 组织编写

雷位卫 著

四川大学出版社
SICHUAN UNIVERSITY PRESS

图书在版编目（CIP）数据

天路见证：川藏公路甘孜段"两路"精神传承史 /
甘孜藏族自治州公路建设服务中心组织编写；雷位卫著
. — 成都：四川大学出版社，2023.12（2024.9 重印）
　ISBN 978-7-5690-6512-1

　Ⅰ. ①天… Ⅱ. ①甘… ②雷… Ⅲ. ①公路—道路建
设—历史—西南地区 Ⅳ. ① U412.36

中国国家版本馆 CIP 数据核字（2023）第 245176 号

书　　名：天路见证——川藏公路甘孜段"两路"精神传承史
　　　　　Tianlu Jianzheng——Chuan-Zang Gonglu Ganzi Duan "Liang-lu" Jingshen Chuanchengshi
组织编写：甘孜藏族自治州公路建设服务中心
著　　者：雷位卫

出 版 人：侯宏虹
总 策 划：张宏辉
选题策划：张宏辉　曾　鑫
责任编辑：曾　鑫
责任校对：庄　溢
装帧设计：墨创文化
责任印制：王　炜

出版发行：四川大学出版社有限责任公司
　　　　　地址：成都市一环路南一段 24 号（610065）
　　　　　电话：（028）85408311（发行部）、85400276（总编室）
　　　　　电子邮箱：scupress@vip.163.com
　　　　　网址：https://press.scu.edu.cn
印前制作：四川胜翔数码印务设计有限公司
印刷装订：四川省平轩印务有限公司

成品尺寸：156 mm×235 mm
印　　张：18
字　　数：284 千字

版　　次：2024 年 1 月 第 1 版
印　　次：2024 年 9 月 第 2 次印刷
定　　价：98.00 元

扫码获取数字资源

四川大学出版社
微信公众号

序

　　川藏线（国道317、318线）甘孜段，是贯通川藏的重要交通命脉，也是近年来的旅游热线。"此生必驾"，寄托着多少人的梦想和情怀。对于长年扎根高原的甘孜公路人来说，这条路早已和自己血脉相连。

　　这是一条美丽的公路，沿途都是旖旎的风景，厚重的人文遗迹；这是一条英雄的公路，它穿越险峻的高山、幽深的峡谷、湍急的江河……70年前，军民们用鲜血和生命谱写了感天动地的筑路壮歌。这是一条温暖的公路，在白雪皑皑的雪域高原，公路人一次次施予的抢险和救援，让驾乘人员感到温馨和安心；这是一条通向未来的公路，它汇聚起沿线汉藏人民的美好心愿，向着中国式现代化的光明前景飞奔。

　　2024年12月25日，川藏公路将迎来胜利通车70周年。近70年沧桑岁月，对人的一生来说，相当漫长，这条被称为"天路"的国道线，镌刻着军民们筚路蓝缕的奋斗历程，记录着公路人无数个日日夜夜无私奉献的点点滴滴。这近70年沧桑的岁月，在历史的长河中，又是浓墨重彩的一笔，那些凝聚着生命与鲜血、汗水与泪水的如歌史诗，筑路军民与几代公路人铸就的"一不怕苦、二不怕死，顽强拼搏、甘当路石，军民一家、民族团结"的"两路"精神，作为中国共产党人精神谱系的重要组成，还将不断被续写、被歌颂、被传承。

在将近70年时间里，一代代甘孜公路人在前辈筑路英雄的精神鼓舞下，扎根高原，流血流汗甚至献出自己生命的可歌可泣的故事，不能被时光冲淡，不能被岁月遗忘。2021年，甘孜藏族自治州公路建设服务中心经过认真研究，决定组织相关人员并邀请专业作家，编写出版一本反映国道川藏线甘孜段公路人近70年奋斗的口述史图书。通过这本书，全面回顾甘孜公路建设的历史沿革与演进过程，通过公路人尤其是老公路人的倾情讲述，生动还原当年艰苦创业和辛勤养路、护路的光辉历程，从而让更多后来者了解这段可歌可泣的历史，使"两路"精神代代相传。因此，这本书的出版，具有更为深远的意义。

川藏线甘孜段，是川藏公路的起始段，是全线建设中难度最大的路段之一，同时也是"两路"精神的重要发源地、延续地，全国公路行业先进模范培育地，全国公路行业榜样传播地。近70年来，甘孜公路建设的管养史，实际上是在党和国家的领导下，甘孜州公路交通从无到有，一步步实现公路畅达，当地人民从脱贫到小康再奔向共同富裕的开拓史；同时也是筑路先辈逢山开路，遇水架桥，冒寒暑、斗风雪、战水毁，不断与大自然抗争，奋力铺筑民族地区平坦大道和维护民族地区公路交通畅通的奋斗史；是一代又一代的甘孜公路人坚持传承、弘扬"两路"精神，扎根高原，无私奉献，不断超越自己，奋力推进甘孜公路交通事业向前发展的传承史；更是谱写民族团结、军民团结华丽篇章的跨越史——这样的题材值得大书特书。

习近平总书记指出："我国工人阶级和广大劳动群众是国家的主人，要加强政治理论学习，加强党史、新中国史、改革开放史、社会主义发展史学习，自觉做中国特色社会主义的坚定信仰者、忠实实践者。"在"两个一百年"奋斗目标交汇的历史节点，在全党全军全国各族人民为全面推进中华民族伟大复兴而团结奋斗的历史机遇面前，要传承弘扬好"两路"精神，使新一代甘孜公路人在新时代创造更大的荣光，为不断延展的历史卷轴书写亮丽的一页，就应该不忘过去，不忘初心，永担使命，勇毅前行。这就需要将老一辈公路人的故事以及路二代、路三代接续奋斗的口述史，用文字和图书的形式记录下来，让这笔宝贵的精神财富永远传承，激励着后来者不断奋斗。

甘孜藏族自治州公路建设服务中心领导班子高度重视本书的编写工作，派出精干力量，在新冠疫情防控期间，克服了重重困难，查阅了大量的档案资料、报刊、图书，纵横2000多公里，深入国道317、318沿线与部分重要支线，采访了数十位基层养护站的一线干部、职工；在成都市内和郫都、大邑、新津等地采访了多位退休职工。通过不懈努力，终于等到了该书的完稿。本书共分为"进军川藏线""雪山点头彩云把路开""天路沧桑""雪线上那一抹橘红""最美的路最美的人""历史丰碑上深深的辙迹"六个部分，清晰地再现川藏线甘孜段的筑路、养护的历史，讲述了几代公路人接续奋斗的故事。令人感到遗憾的是，一些亲历者已经永远地离开了我们；还有一些员工因年龄和身体等原因，没有参与进来；一些离国道317、318线较远的分局，这次也没有采写到。然而，这本书只是甘孜公路历史记载的开端，相信以后，我们还将有更多的机会展示甘孜公路人的风采。

川藏公路胜利通车70年，这是一个光辉的时间点，是几代甘孜公路人用血汗乃至生命铸就的丰碑。这是一个崭新的起点，"道阻且长，行则将至"，我们将以习近平新时代中国特色社会主义思想为指导，继续传承"两路"精神，接过老一辈公路人的接力棒，统一思想认识、明确前进方向、凝聚奋进力量，迎来甘孜公路高质量发展的美好明天！

代大鑫

目录

1

天路见证

——川藏公路甘孜段『两路』精神传承史

天路见证

目 录

天路见证

　　当无数游客喊着"此生必驾317、318"兴高采烈地奔驰在川藏线上，饱览着公路两旁美丽的自然风光，陶醉在充满藏族风情的人文景点时，是否会想起70年前，那项伟大的工程？正是千千万万筑路军民不顾生死、抛洒血汗地筑路，以及几代公路人胼手胝足地养路，才使得雪域高原这条充满活力的生命线成为最美的景观大道、最有历史感的英雄之路。在川藏公路和青藏公路即将胜利通车70周年的日子里，我们回看走过的日子，让这条天路为"两路"精神见证！

第一章

进军川藏线

"二呀那二郎山，高呀么高万丈，古树那荒草遍山野。巨石满山冈，羊肠小道那难行走，康藏交通被它挡那个被它挡。二呀那二郎山，哪怕你高万丈。解放军铁打的汉，下决心，坚如钢，要把那公路修到那西藏。"每当这首高亢的《歌唱二郎山》歌声响起，总会有一种特殊的感觉：仿佛巍峨的二郎山、折多山、雀儿山就在面前，在盘山腾跃的川藏公路上空，在深邃的碧空与洁白的白云之间，浮现着筑路大军与养护工人们忙碌的身影，回荡着隆隆的开山炮声，钢钎、铁锤与巨石碰撞的叮当声，备料、补路、推雪的机器轰鸣声……

随着中国改革开放的不断推进，人民的物质文化和精神文化的需求也与日俱增。近年来，不少人踏上了著名的国道317、318线，去饱览这两条号

称"景观大道"的风景。行进到每一座高山、每一个海子、每一个草原，游客们兴奋地拍照留念，在自媒体上炫出自己走进莽莽高原的镜头，留下他们"打卡""历险"的痕迹。随着公路改造升级的不断推进，除了国道317、318线之外，甘孜藏族自治州（后文简称甘孜州）的支线公路路况也越来越好，游客也逐年增多。可是，有多少人想到过，这些壮丽的公路，是经历了怎样的艰难困苦才修建起来的呢？有多少人知道，全长2255公里的川藏公路，共有3000多筑路烈士长眠于沿线，这条道路的每一公里，都有一个牺牲烈士的灵魂在守护！又有谁知道，甘孜州的公路人，又是怎样艰辛地呵护着这些道路！在高海拔的山上，在遭受雪崩、坍方、泥石流等自然灾害的时候，他们是怎样冒着生命危险，争分夺秒抢修道路、帮助驾乘人员，这本书将为大家讲述这些事件背后动人的故事。

修筑川藏公路的历史背景

1949年12月，对居于天府之国的成都来说，是激动人心的一个月。12月9日，国民党西康省政府主席、二十四军军长刘文辉与川军将领邓锡侯、潘文华在四川彭县通电起义。12月27日，成都宣告解放。12月30日，贺龙率领解放大军进入成都，隆重的入城式上，成都人民涌上街头，高举着标语，热烈欢迎解放军，欢庆成都的解放。这座古老的城市沸腾了！

曾经长期在成都从事地下工作的老作家马识途先生在回忆文章中写到入城式时这样说：我坐在第一辆吉普车里做向导，从北门进城。当我们抵达城门口，解放军在城门高地插上红旗时，我激动得真想举起那面大红旗，站在城门顶上大呼"同志们，我们回来了！"我带着前面是一长串小汽车，后面是威武的解放军的大队伍，行进在成都大街上。大街上人山人海，热烈欢迎。我看到地下党的同志和群众一起，在前头边跳边唱，他们的背上背着"天亮了！"几个大字。

12月30日，《新华日报》发表社论《祝成都解放》，对成都的和平解放予以称赞。

四川全境解放以后，按照中国人民政治协商会议《共同纲领》的规定，实行军事管制，分步骤逐步建立各级人民政权，召开各界人民代表会议，团结各族人民，克服重重困难，开展各项工作，迅速赶上全国前进的行列。

进行接管的同时，在西南军政委员会和川西北临时军政委员会的领导下，陆续筹组和建立了省、市、行署和县级的政权机构。全川207个县（含县级市及大市的县级区）的人民政府也相继成立。各级政权机构都吸收了相当一批民主党派、无党派民主人士，工商界、文教界知名人士和少数民族代表参加工作，体现了在中国共产党领导下的人民民主专政。

当时和四川接壤的西康省也解放了，这个1939年才成立的省份，是内地进入西藏的要道，具有重要的军事和战略意义。在"刘、邓、潘"宣布彭县起义之后，国民党二十四军代军长刘元瑄、参谋长杨家桢奉刘文辉军长起义通电，立即在雅安宣告全军起义。得知二十四军起义后，国民党胡宗南部队对二十四军进行了疯狂进攻。刘元瑄、杨家桢迅速对兵力进行部署并下达命令，任务是阻击胡宗南部队由新津经眉山从乐西公路向西昌和由新津沿成雅公路经邛崃向雅安方向逃窜，并配合解放军围歼胡宗南部。

成都解放时，市民欢迎解放军进城（王大炜/供图）

成都市各界庆祝西南解放大会现场（王大明/供图）

12月14日，成立有中共雅安地方组织与民革、民盟参加的西康省临时军政委员会，刘文辉为主任委员，刘元瑄为代主任委员。临时军政委员会设在雅安城区西大街。随后召开有机关、部队、学校、厂矿企业代表及市民两千余人参加的雅安各界庆祝解放大会。到12月下旬，国民党胡宗南部在成都地区被全部消灭。

1950年2月1日，中国人民解放军第六十二军在军长刘忠、政委廖志高的率领下，在雅安城内举行隆重的入城仪式。从东大街至大北街，从青衣江边到苍坪山麓，雅安人民夹道欢迎解放军。2月至3月，军属各部向西康进军，解放了康定，配合第十四军、第十五军发起西昌战役，解放了西康全省。

紧接着，中央人民政府派出以刘格平为团长的中央"西南少数民族访问团"到四川藏族、彝族地区访问。西南军政委员会和西康省及川内的川西、川南、川北行署以及许多专区，也都分别派出民族访问团、民族工作团（队）等，深入到少数民族聚居区工作。这些访问团（队）和各地军管会一起，向少数民族群众广泛地宣传了党的民族平等的政策，消除历史上长期遗留下来的民族隔阂，为使少数民族群众更好地了解祖国，各地组织了少数民族群众、宗教界人士及各阶层代表到内地参观访问，分别受到了毛泽东、周恩来、刘少奇、朱德等领导人的亲切接见和各地人民的热情欢迎。各地解放后，宣布废除了国民党政府的各种苛捐杂税，废除"乌拉"差役制度，废除一切侮辱、歧视少数民族的地名、匾联和碑记。各地都制定了执行民族政策的具体规定，尊重各少数民族的风俗习惯和宗教信仰，保护喇嘛寺庙，促进了民族团结。同时。在财政状况极为困难的情况下，省、行署还拨出大量款项和物资，向少数民族群众无偿发放农具、耕牛、种子等，发放救济粮和救济款，帮助他们逐步恢复和发展生产。少数民族群众热情欢迎党派出的解放军和工作人员，藏族人民称他们为"嘉色巴"（新汉人），彝族人民称他们为"菩萨兵"，民族关系焕然一新。

为推进民族区域自治，中共中央西南局决定，把西康省作为在西南地区实施民族区域自治的试点。经过充分准备，1950年11月在康定召开了全区首届各族各界人民代表会议，宣告西康省藏族自治区成立，选举产生了自治区人民政府。这是中华人民共和国成立后，全国最先建立的州一级民族区域自治政权，积累了实施民族区域自治的经验，对于西藏及其他少数民族地区产生了重大的影响。其后几个月内，全省除色达以外的20个县人民政府相继建立。

1952年8月颁布的《中华人民共和国民族区域自治实施纲要》和1954年9月颁布的《中华人民共和国宪法》，对民族区域自治政策做了进一步的规定。1955年9月西康省撤销后，四川的民族区域自治有了进一步的发展。除3个自治州外，四川还陆续建立起8个少数民族自治县、119个民族自治乡，并对一些少数民族较多的县实行了按民族县对待的政策。

筑路大军挥师康藏路

1950年3月12日，那天天气晴朗，成都的早春花香四溢，刚刚解放的城市，充满了对新社会到来的激情与期盼。

一个面容清秀、个子高挑的少年兴冲冲地从五世同堂街出发，向西胜街走去——他叫王大炜，那年16岁，正在成都五世同堂街成都二中读书。成都解放，给这座城市注入了澎湃的热情。听了解放军的征兵宣传，他心情十分激动，当即决定去参军。他到本校的军代表那里表明来意，军代表鼓励了几句，因当时手边没有纸，就把一个纸烟盒翻过来，在背面写了一封介绍信。王大炜拿着这封特殊的介绍信，到西胜街协进中学62军的驻地的随营学校（后改为二野军大、西南军大），主管征兵的军官让他写了个自传，就录取了。军队的办事节奏非常快，中午录取，他下午就去通惠门报到，第二天去温江，经过一段时间的学习，5月份就到了雅安。16岁的他被分配去电讯学校学习电台业务。

89岁曾担任民革成都市委文史宣传委主任的王大炜回忆起往事时，感慨地说，正因自己有电台业务能力，他还和川藏公路的修建，结下了一段缘分，接收并翻译了很多有关川藏线筑路工程的新闻与消息。

王大炜说，1950年5月到了雅安之后的几天，上级要求他们全体学员都去迎接兄弟部队十八军。他们便赶到雅安大路旁，夹道欢迎十八军的战友。十八军的战士们全副武装，迈着坚定的步伐走来。

1950年1月7日，十八军接到命令。军长张国华、政委谭冠三等立即赶到重庆接受了进军西藏的任务。

十八军领导集体也为进军西藏做好了心理准备。他们以坚强的党性，无私的奉献，实现了自己的入党誓言。多年后，张国华女儿张小康就讲道，就是在父母进军西藏的途中，她出生于1947年的姐姐张小难，因为爸爸、妈妈没时间照顾，再加上当时医疗条件比较差，患上了麻疹、肺炎，三岁多就去世了。小难死后，家里人都一直忌讳提起她的名字，后来张小康妈妈在生命最后阶段，还在昏迷中不断呼喊着："小难，我的孩子……"张小康含泪说："我姐姐过世已经几十年了，我好像已经放下了，或者是遗忘了。可是在父母的内心深处，从来没有离开过，只是面对国家，面对他们所要承担的这些使命，他们只是把这些个人的情感放在了心里。"

政委谭冠三的儿子谭戎生回忆起父母进藏时说："当时父母已有4个孩子，都在河北农村，由我母亲带着。母亲把刚刚出生仅仅7天的老四送给了河北一个农村的老百姓家，而且还立了字据——将来这个孩子的生老病死、工作、婚姻这些东西，一概跟亲生父母没有关系。妹妹也被送给了高阳县的一个农民。我和弟弟就被送到了北京的农林小学，后来就在学校住读。我母亲离开我们以后，就跟我父亲一起投入进军西藏队伍。"现在我们看这些口述史，那种为革命事业不顾一切的牺牲精神，令人动容。

1950年1月13日，第二野战军发出指示，要求各部队，尽一切可能的力量，从人员、装备、运输等各方面支援十八军进藏。

西南局根据毛主席的指示成立了一个统管西藏工作的中国共产党西藏工作委员会，由张国华任书记，谭冠三任副书记，副军长昌炳桂、副政委王其梅、参谋长陈明义、政治部主任刘振国和全国政协委员天宝任委员，得到中央批准。随后，中央军委批准西南军区成立支援司令部。2月，贺龙司令员在成都进行了部署。昌炳桂任司令员（3月改由二野工兵司令员谭善和担任），胥光义任政治委员，何雨农任参谋长。中央军委还抽调二野和十八兵团的8个工兵团、1个重型机械营、2个马车团、2个驮骡团和4个汽车团，配备兵站、仓库、医院、通信、警卫等。

但是，这一段时间里，四川境内尤其是川西地区匪患蜂起，反动势力非常猖獗，土匪们烧杀掠夺，武装袭击解放军。有的土匪还破坏公路，毁坏桥梁，给刚建立的人民政权带来了不小的威胁。在进藏的必经之路上，土匪还炸毁了飞仙关铁桥。1950年2月3日，十八军派出的以陈子桂、陈竞波率领的先遣支队被阻于雅安，原定去甘孜的支前司令部也被阻于新津，所需的大批进藏粮食无法筹措，各种支援进藏的物资不能按时到达，严重影响了进军西藏的进程。为了迅速肃清匪患，西南局和西南军区于2月初做出了剿匪的部署。2月21日，张国华从重庆回到乐山，对剿匪工作进行了安排，军部于3月2日发出剿匪命令。经过大大小小的战斗，大量歼灭匪特，沉重打击了匪特们的嚣张气焰。

由于进藏的任务重、时间紧迫，西南局在给十八军的电报中指出，要求十八军在成都和雅安间大体完成肃清土匪任务之后，分批设法前进。随着整个川西地区剿匪的胜利，成都通向雅安的公路打通了。十八军于3月29日派出军副政委王其梅、军第二参谋长李觉率领的军前线指挥部，由乐山乘车出发，31日抵达雅安。这时，2月初被阻于雅安的军先遣支队并入前线指挥部。五十二师师长吴忠和天宝率领的一五四团，经过20多天的艰苦跋涉，于4月28日抵达甘孜。

据王大炜先生回忆，王其梅副政委到达雅安后，他率领的电台，正好与王大炜所在的西康军区集中支台第三台联络。王大炜说："我是随着电波，'看着'他们一步一步地走向拉萨的。"他追忆这段往事的时候，还记挂着十八军电台那位同行，因为部队纪律严明，通讯属于保密范畴，因此，王大炜一直不知道对方姓名。近70年来，他希望能够有缘和十八军的同行联系，以续上这段不平凡的空中友情，成就一段佳话。

十八军先遣部队1950年3月29日从乐山出发，走了一个月进入甘孜地区，遇到了很大的困难。最大的问题就是携带的粮食全部吃完了，但部队坚决执行中央"进军西藏，不吃地方"的指示，宁肯冒寒露宿荒野，也不占用寺庙和民房，宁肯忍饥受饿，挖野菜、捕麻雀、抓地老鼠充饥，也不向少数民族群众借粮，整整坚持了一个月。当年10月，在解放昌都的战役中，部队又一次遭受严重的粮荒，战士们一天只能喝4两代食面粉熬的糊糊。1951年5月23日，《中央人民政府和西藏地方政府关于和平解放西藏办法的协议》（俗称"十七条协议"）在北京签订。为了执行协议，进藏部队先遣支队于当年9月9日到达拉萨。由于距离内地更为遥远，既不通车，又不通航，部队再一次陷入供应极端困难的境地。当时，西藏反动农奴主的代表人物鲁康娃幸灾乐祸地说："在昌都我们打了败仗。现在饿肚子比打败仗更难受。""解放军不走，饿也要把他们饿走！"修建雅安到西藏的康藏公路迫在眉睫。

据《清末川滇边务档案》等相关资料记载，川康公路建设，始于清光绪三十三年（1907年）。当时，川滇边务大臣赵尔丰以"治边"为由，修建成都至康定的骡马车道，预算银20万两。所选路线，自雅安经荥经小河场进沟，过蒲麦地、龙巴铺以达康定，其用意是避开大相岭、飞越岭两座大山，但因当时测量与筑路人才缺乏，未经勘测即盲目动工。后赵尔丰调迁，筑路未果。1912年，川康公路成雅段开始筹备修建，后来停工。此后10余年间，因无人管理，已筑路段的扩宽部分复为农田。1925年，国民政府军二十三军军长刘成勋为巩固防区的军事需要，决定修筑成康马路。12月，成康马路在成都武侯祠举行开工典礼，次年秋完成成都至新津土路40公里。新津至邛崃、邛崃至名山、名山至雅安3段分段同时开工。1927年，成康马路施工还没到一半，刘成勋就被二十四军刘文辉部打败，通电下野，筑路工程只好停工。同年，刘文辉因成都到西康交通的重要性，决定修建成康马路，在邛崃设立成康马路总局，但历时10个月仅将新邛段41公里打通。成雅路长15l公里，经过刘成勋、刘文辉两度修筑，直至1932年夏，先后费时近8年，派款银近40万两，才勉强打通。路基一般宽约7米，碎石路面，弯多路窄，逢场镇穿街而过。

1935年，蒋介石为了堵截长征中的红军，将雅安至康定210公里的公路作为战运干线，命令限期修通。国民政府交通部、四川公路局、蒋介石行营公路监理处派工程师、测量队，还有美籍技术专员凯恩浩参加勘

二郎山的川康公路（甘孜州公路建设服务中心资料图片）

测定线。先由工兵往天全施工,但未修通。1936年6月,川康公路工程处成立,雇技术人员重新开工,修到天全又停工了。据天全县档案馆保存的天全县公路建设资料记载,1938年4月,蒋介石再令行营拨款,二次组建川康公路工程处。工程处成立后,即由成都行辕命令四川各县派民工参加抢修路面,限期完工。修筑线路自雅安城区河北街起,经多营坪、飞仙关、始阳、天全、水獭坪、两路口、烂池子、鸳鸯岩、龙胆溪、木叶坪、二郎山、冷碛、泸定、大烹坝、瓦斯沟、大风湾,最后到达康定东关外,全长总共约220公里。

1940年10月15日川康公路举行试车,一辆小客车、一辆大卡车从天全出发,16日抵达泸定渡口,由小型钟摆式渡船渡过小客车,大卡车无法渡船,只好原路返回。小客车于20日到达康定。这段路耗时4年半,先后征用民工13万余人,民众饱受劳役之苦,"路工死亡三千,负伤者六千",换来的只是川康公路的虚假通车。1941年,国民政府交通部又成立川康公路改善工程处,经一年整修才勉强通车,公路标准极低。1945年,川康公路改善工程处改为川康公路管理局。1946年这条路遭水毁而废弃。

自康定至马尼干戈477公里,新中国成立前为康青公路的一段,曾由国民政府交通部川康公路管理局和西康省公路局组织修建,于1941年通到东俄洛,1943年11月修到甘孜,1944年10月修到马尼干戈。路况极差,只试通车一次就废弃。

多年后康藏公路修建司令部司令员陈明义谈起国民党曾修过的这条公路线时,用不屑的口气说:"它没有正式通车,实际上是我们重修的。"

1950年4月13日康藏公路修复工程在雅安金鸡关破土动工!为了实现党中央和毛泽东主席"一边进军,一边修路"的指示,迅速进军西藏,解放军于1950年3月25日誓师,从四川出征,踏上了从西南进军西藏的道路。受命进兵西藏后,修筑通入西藏的公路便成为最紧迫的任务。张国华向胥光义、工兵司令员谭善和、西南军政委员会交通部公路处处长孙楷堂、工程师徐松荣交代了修筑入藏公路的任务。西南军区支援司令部、西南军政委员会交通部和十八军后方司令部随即调集了西南军区工兵部队、十八军的3个步兵团和雅甘工程处的川康、康青两个技术大队，还有民工和包商参加施工。雅甘工程处派陈振钊工程师负责成都至天全路段的测设工作；余炯工程师负责天全至马尼干戈路段的测设工作。因抢修任务紧急，他们对大部分线路仅用花杆定出中线，少部分地段用仪器进行实测，工程量大部分是估算的。但是筑路大军克服重重困难，向康藏进发。①

四川最早的汽车（摘自《四川交通史》）

① 西藏自治区公路交通史志编委会编：《西藏公路交通史》，人民交通出版社1999年，20页。

天路见证

行进在漫长的川藏线上，要翻越高山峻岭，跨越大河深壑，但狂风暴雪摧不垮筑路军民的钢铁意志。他们流血、流汗，甚至牺牲宝贵的生命，在藏汉群众的倾力支援下，发挥聪明才智，克服了工程中的重重困难，"让高山低头、叫河水让路"，终于修通了这条康藏公路的北线和南线，谱写了一曲豪迈雄浑的英雄赞歌。

第二章

雪山点头彩云把路开

天路见证

二郎山的战斗

　　二郎山是康藏公路翻越大山中的第一座，海拔3437米。就像歌中所唱"古树荒草遍山野，巨石满山岗"，康藏研究专家任乃强先生曾记载，二郎山的岩层属于"硬岩"，开凿非常费工，但是只要修通了二郎山的道路，那么沟通四川和西康的交通就十分便利——"如修成车路，无论通行马车、汽车，则增工费一倍即可，而交通效率至少增加五倍"。早在晚清时期，川滇边务大臣赵尔丰就提出过修建成都至康定的骡车大道，成为车路，但线路尚未选定。在赵尔丰调任四川总督后，此事就不了了之。后来的尹昌衡、刘成勋、青飞如，也曾想将此路修通，但也因种种原因而作罢。1934年开始，国民政府要求四川省政府修建川康、川陕、川湘、川黔等公路，川康路才开始选线，最后仍选翻越二郎山的道路。但一直拖到1940年，才能象征性地通车。[①]

　　二郎山地势险要，气候恶劣，东侧山脚赤足坪一带海拔约1500米，山顶垭口为3200米，平均距离约10公里，路线距离8公里，在此范围内必须提高约1700米以上，所以路线蜿蜒曲折，通过岩石地段，内傍削壁，

---

① 拉巴平措主编：中国藏学文库《任乃强藏学文集》（下册），中国藏学出版社，2009年，298页。

外临深谷，工程十分艰巨。二郎山有12%的纵坡及平曲线半径仅10米的地段很多处。有些地段的路基宽只有3米，勉强能通过一辆卡车，原旧路又无避车道设置，严重地段路基仅遗留有1米左右宽的痕迹，边沟阻塞，荒草遍生，边坡不稳定，雨、雪后到处坍方，道路阻塞，沿线呈现百孔千疮的状态。二郎山以东，气候潮湿，雨量充沛，年降水量1000至2000毫米。常年云层停滞，阴雨蒙蒙，大雾漫漫，冬春季积雪冰冻，"桐油凌"遍铺路上，溜冰严重，气候恶劣，生活艰苦。

1950年4月，解放军工程兵十二团，七团第三营，一五八团二营，以及十团第一、三营与雅甘工程处所辖的川康工程大队五分队、康青大队第二分队一起，进入了二郎山工地，协同抢修二郎山公路。修筑公路，对于刚从解放战争的硝烟中走过来的人民解放军战士来说还没有经验；对于川康工程大队、康青大队来说，大部分新招的工人，仅仅进行了短暂的培训，存在技术工人稀缺的困难。康青大队从2月开始，在成都参加政治学习，进行思想改造，做好修路前的准备工作，还派出二分队协助川康大队工作。直到5月4日，全队才从成都出发担负二郎山顶到泸定段的抢修任务，并抽调人员组成康甘查勘队，由副军代表张林治、四分队长齐树椿率领，于1950年5月12日从天全出发，忍受着饥寒，向道孚方向查勘。

在二郎山工程的抢修过程中，参与筑路的军民共同奋战，克服了一个个困难险阻。二郎山上气候瞬息万变，一会儿狂风，一会儿骤雨。而民国时期修的路，本来就非常粗糙简陋，加上雨水的冲刷，已经废弃了。解放军战士和川康、康青大队的员工一起，在恶劣的天气条件下坚持施工。川康、康青大队的员工在成都学习时，坚定了为人民服务和建设新中国的信念，纷纷制订了个人的立功计划，全身心参加筑路。

二郎山上，摆开了阵势，不管军工还是民工，都热火朝天地投入抢修路面和建造桥梁的战斗中。他们上山时人均负荷50公斤左右。没有机械设施，用的完全是手工工具——十字镐、铁锹、钢钎、8磅大铁锤和用树枝自编的抬筐。抢大铁锤打炮眼，是筑路中最苦、最累的活。战士和民工们不断地挥动双臂，铁锤震得胳膊酸疼难忍，手掌打起血泡，虎口

二郎山秋日远眺

也会裂开血口子。在海拔高的地方干这么重的体力活，一会功夫就喘得不行，但他们咬咬牙坚持着，轮番上阵。大家都争抢着干最累的活，有的战士或民工一抢到大铁锤，怎么也不肯撒手换给别人。

筑路军民工每天工作12小时以上，由于风吹雨淋，还有对山蚂蝗、蚊虫等防备不足，很多人生病。疾病以疟疾居多，部分人出现流鼻血、心脏亢进、眩晕、呕吐等症状。工程兵有一个营，就有三分之一的战士患病。而康青大队二分队的同志，除了一两个人未生病之外，其他人都不同程度生病。但大家仍留在工地上，其中萧学信、张服远、徐亮等人，带病坚持工作。二分队协助工兵架设桥梁、涵洞，当时的桥梁、涵洞主要用的是木料，工程兵战士和川康、康青大队的工人们砍树备料，康青大队的陈融就是其中一员。他们要爬到很远的山上砍树，最远的地方离工地大约30里。他们砍树时，要注意大树倒下的方向，预先垫上树枝，以减轻冲击力，防止大树折断。因很多树太大，搬运不便，要先找木工，把大树分解成需要的木料，再来搬运。有时从山上往下放木料，还要在岩石上垫树枝，以防木料被岩石撞断。一次，一根很大的木料在放下山时，卡在乱石之间，一动不动，大家束手无策。这时，一个18岁的年轻战士杨茂武挺身而出，他拿着钢钎，冒着生命危险慢慢爬到半山腰去撬开石头，随着阻挡木料的石头滚下山坡，木料也终于被顺利放下了山。

杨茂武除了勇敢，还喜欢动脑筋。工兵十二团在抢修二郎山西坡的时候，因山高路陡，岩石风化严重，常常出现流沙沉积在路面堵塞公路的现象。团党委召开"诸葛亮会"，号召大家都来想办法。杨茂武提出的架设旱桥，让流沙从桥下流走的主意，经过实践，效果很好，受到了上级表扬。二郎山上的雨很多，一天下来，战士和民工大多棉衣都打湿了，杨茂武趁大家休息时，彻夜不睡，烧起火来给同志们烤棉衣。这样无私、朴素的感情，让同志们都深受感动。在后来修筑公路时，头脑灵光的杨茂武一炮轰开18000多石方，相当于两万人干一天的工作量，创造了修路史上的又一个奇迹，杨茂武也成了人人称赞的"爆破英雄"。

在康青大队，工程人员和部队官兵相互关心、密切联系，"军民团结"的事迹层出不穷。他们发扬民主，反对经验主义倾向，提倡部队战士要尊重工程师，工程师要虚心向工程兵学习，和战士们打成一片，一起起居作息，一起上山采料，一起下水搬石。在这样的氛围下，工程技术人员、民工和部队战士开展劳动竞赛，大家情绪高涨，以更大的努力来完成筑路任务，工作效率也得到了提升。

自1950年4月13日正式投入施工，至5月24日，筑路军民工仅用41天时间就抢修通车至山顶，5月29日"粗通"公路（能保证简易通行）至泸定。

民工在悬崖上打炮眼（马明寿/供图）

二郎山上的318线路碑（陈勇/摄）

解放军战士在悬崖上筑路（摘自成都军区后勤部军事运输部《川藏公路三十年资料简编》，任用昭/摄）

在泸定到康定路段的抢修中，由于原路段多属于傍山公路，原有的一部分路基地势较低，常有被河水淹没的情形。按照施工要求，本来应该进行填高处理，但因要保证前方部队的运输，按期完成抢通任务，故暂时未进行填高。队伍采取在地势低的地方填乱石的方法，准备将其作为过水路面。这样一来，通车后车辆颠簸相当厉害，洪水季节，车辆经过低洼地段，时常被水淹，从而堵车。

康藏公路在崇山峻岭之间延展，在泸定至康定段施工中，康青大队的技工们发挥了重要的作用。一分队队长李鲁卿，在施工之前就查勘了泸康段沿线的情况，每一工程段完工时，还和工程兵干部一起进行检查，保证了工程的质量。如在抢通道路后，技术人员发现，冷竹关桥的孔径达到了8米，孔径过大，容易发生危险，于是在桥孔下加修托梁，解决了这个问题。樊兆瑞负责与工程兵十团二营共同架设日地桥，和工程兵紧密配合，同甘共苦，选料严格按照标准，桥建成后坚固耐用。杨仲谋负责修建巴巴房一段，原有的桥梁被冲毁，路基过低，经常被水淹，他们和工程兵配合，改线700米，还将瓦斯沟一段440米过低的路基，改造为傍山公路，改善了通行条件。曾担任康定油站主办工程师的刘芳回忆说，在瓦斯沟一段的施工过程中，新开路基是用绳子把人吊在半山腰打炮眼和装药放炮，因此曾出现绳断人死的事故。爆破中，有时要处理瞎炮，一次在排除瞎炮时，发生了多人受伤事故。伤员被送往康定人民医院，一个年轻工人的右手手指被炸掉了，哭着说："我才16岁，以后咋个生活啊！"治愈出院后，人民政府对他进行了妥善安置。康青大队的冯远圻和工程兵官兵一起想办法，在大风湾建造了挡风沙墙，有效地抵御了风沙对修筑公路的影响。经过努力，6月15日川康段全线通车后，6月30日，上级决定修建飞仙关钢索吊桥和泸定大渡河钢索吊桥。

川藏公路二郎山路线（甘孜州公路建设服务中心资料图片）

然而，由于雨季到来，路上的坍方严重，维护路面和保证通车就成为难题。在此情况下，1950年6月，部队紧急抽调由金荣功为团长、张抗为副政委的一六二团赶赴二郎山，保证道路的畅通和车辆通行。由于一六二团是步兵团，战士们都没有施工经验，只能边干边摸索。该团从烂池子开始，实行分段包干的办法，团直属部队和三营、一营、二营各包10公里，大家带着老武器（枪炮）和新武器（施工工具），背着粮食和帐篷，在当年7月10日全线开工。生活上，买不到蔬菜吃，三连抽调了朱庆顶等5名战士去挖野菜，他们天天出没于树丛、荒草、乱石之中，

泸定桥（马明寿/供图）

十八军进藏雀儿山纪念馆展板，反映了部队当年拆开汽车渡河，之后再拼装起来的情形

抵御着寒风、蚂蟥、虫蚁的袭击，90天里一共挖了野韭菜等野菜1150多斤。战士们在这一场"打通二郎山"的战斗中，首先是清除稀泥，各段都有几公里乃至十几公里的烂泥路，踩下去到膝盖，有的地方竟有半人深。汽车开过来，只要一陷进去，轮胎就一直打滑，开不出来。战士们看到这种情况，就砍来树枝，垫在轮胎下，情况紧急时，有的战士还把自己的棉被都垫上，前拉后推，让汽车过去。没有车通过时，大家就清除稀泥，然后挑石头、河沙，砸石子，用来铺填路面，将路面夯实、铺平。这样干下来就花了一个月时间。

经过50多天的努力，整修任务在1950年8月30日完成，二郎山的上山下山80余公里路面，完全畅通。第二阶段是加宽加固，经过近两个月的奋战，在10月底竣工，使二郎山公路达到了初级公路的标准。

大渡河上舞长虹

翻过二郎山，就是泸定县城。这是一座红色之城、英雄之城。1935年5月28日，中国工农红军在这里飞夺泸定桥，粉碎了蒋介石南追北堵，欲借助大渡河天险将红军变成第二个石达开的美梦。飞夺泸定桥因此成为中国工农红军长征时期的重要里程碑，为实现具有重大历史意义的红一、二、四方面军会合，最后北上陕北结束长征奠定了坚实的基础，在中国革命史上写下了不朽的篇章。毛主席曾在《七律·长征》中写下"金沙水拍云崖暖，大渡桥横铁索寒"的著名诗句。

15年后的1950年，解放大军进军西藏，除了部队通行，各种辎重物资源源不断运来，年久失修的泸定桥不能承受。桥上每超过10人，或者有两三人在桥面上奔跑，泸定桥就左右摇摆、上下起伏，幅度很大，很有可能拉断铁索，加上桥面腐烂，人马行走其上，十分危险。为尽快保证大军进藏，只能用渡船渡河。

要渡河就必须有渡船，原定由川康大队五分队打造渡船，之后上级又把任务交了康青大队，在1950年5月16日，由康青大队一分队的副工程师张松华接办此事。张松华和该队的军代表以及实习生张木槐等，开始了紧张的外出购买材料和砍运木材的工作，并雇请造船工匠开始造船。张木槐等和工程兵们一起，顶着寒冷的雨雾，到30多里外的大山上砍伐木料，夜宿深山，繁重的工作使有的同志累得吐血，但他们还咬牙坚持，不肯休息。为了将木料运出山去，他们决定冒险试着放木筏，由彭天根、何策时再加上有经验的水手，4个人一起从大渡河往下放。由于大渡河水流湍急，木筏没有绑扎结实，被河水冲散，筏上两个人坠入水中，另外两人依靠剩下的木料顺水漂下，幸好提前在下面准备了橡皮艇，人员全部获救，仅仅损失了少数木材。砍伐用来造船的木料十分困难，而汽车运来的大量军用物资要赶紧运往前线。因此，支援司令部决定试制橡皮艇门桥渡船，以便于将汽车运过河。《西南军区支司前方指挥所抢修雅康段公路综合报告》中说："十团三连两个排在泸定担任橡皮舟漕渡任务。"从6月11日开始工作到6月24日试渡成功，橡皮艇可以载着空车过河。然而，当时正值汛期，大渡河水流速太快，将半时（1.27厘米）的铅绳冲断了，橡皮艇门桥渡船顺流而下，大家奋勇抢救。当时的情形惊心动魄，大家眼睁睁看着船被大水冲毁，上面的人掉进水里。熊道清与杨明先两位年轻战士，在操渡时落入水中，被洪水吞没，壮烈牺牲。

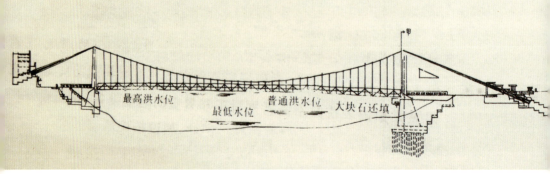

泸定大渡河钢索吊桥简图（甘孜州公路建设服务中心资料图片）

东岸的大渡河悬索桥桥塔

第二章 雪山点头彩云把路开

当年任新华社中原野战军分社随军记者的林田记录下自己渡过大渡河时的情景："（6月）28日到泸定。渡口上，大橡皮渡船的绞绳被大水冲断了，车子暂不能摆渡过河。我们下车，从晃晃悠悠的铁索桥上走过。在南岸等车时，我一直看着工兵连的战士在水上作业。他们先由几个人驾着小汽划子（小船）把一根细钢绳由北岸向南岸牵，这是很危险的。一个人掌着马达和舵，四人坐在小船里边拖钢绳。驶到河中流，汹涌的浪涛似乎要把他们吞掉。小船快到南岸时，因水流太急，阻力太大，人们不仅拉不住钢绳，而且险些翻船，只好把钢绳放掉。然后汽划子再返回去重新开始。听说他们就这样冒险往返几十次，干了一天多了。直到中午，他们终于把钢绳拉到岸边。岸上的几十个战士捉住小船上过来的连接钢绳的麻绳，大家紧张地吆喝着，拼命把绳拉上岸，绑在绞盘上，然后欢呼起来。小船上的战士笑了。""有了这条细钢绳，就可以把作渡船绞绳的粗钢绳拉过来，大橡皮船摆渡便恢复了。这船可以载渡六轮'嘎斯'小货车，十轮卡车、大'道吉'也可以拆开载渡

川藏公路大渡河悬索桥全国重点文物保护单位碑刻

西南军区支援司令部、中国人民解放军第十八军镌刻的碑文

过去。"

　　到1950年6月底，部队打造渡船的工作还未完成，又接上级通知，将此项工作移交给川康大队七分队接管。此时，康青大队和工程兵部队共同建造的5艘20吨高舱位大渡船已经完工了70%。7月1日，将大渡船移交给川康大队七分队。汛期之后，5艘20吨高舱位大渡船全部竣工，于10月11日下水正式开渡。①

　　1950年腊月，为了打捞掉入大渡河的两辆汽车，汽车团修理班班长陈瑞盘开着大吊车赶来了。陈瑞盘说，少一辆汽车，对运输影响很大，一定要把它捞起来。他冒着严寒，喝了几口烧酒，就跳下水去，经过一阵探索，摸到了车子，可是由于水流太急，他头部被卡在汽车的保险杠和水箱之间，脖子都被夹肿了。第一次没成功，上岸休息一阵后，他又再度跳入水中，小心翼翼抓住了汽车的保险杠，用铁丝牢牢捆住，这才

---

① 林田著：《藏行记实》，中国藏学出版社，1997年。

从水里出来。然后用自己开来的大吊车，把两辆汽车从水里拉出来。[①]

虽然有了吨位较高的渡船，但是还远远不能适应进军西藏、巩固西南边陲的需要，而且每逢汛期渡河极端危险，往往无法开渡而中断交通。为了保证全线畅通无阻，从根本上解除天险河流隔断交通的严重威胁，1950年6月30日，西南军政委员会正式决定修建雅安飞仙关桥和泸定大渡河桥两座钢索吊桥，并限在第二年汛期前完成。当时，受社会治安、物资条件及时间所限，根据水文、地质等情况，必须根据西南各仓库（包括重庆及云南各地）的存料进行设计，采用钢索吊桥。

泸定大渡河钢索吊桥由工程兵十一团和雅甘工程处桥工队承担建设任务，西南军政委员会交通部副部长兼公路管理局局长穰明德亲自指挥，桥工队的队长黄渭泉、副队长胡振先负责组织。1950年7月，西南军政委员会交通部开始筹划和进行桥梁选址、设计、施工准备。泸定大渡河钢索吊桥位于泸定县城附近，岸边是与山麓毗连的冲积滩地。桥址东岸距当年红军长征时飞夺的泸定铁索桥约900米，西岸即康定岸为石岩，距离泸定铁索桥约400米。这边的河床的纵坡较陡，水流湍急，故设计为单孔双铰式加劲桁构吊桥。主索跨径16米。两根主索各由17.78/20.32—3.81厘米的钢丝绳组成。索夹按主索排定的外形用热压钢板制成。吊索采用钢丝绳。索塔为钢筋混凝土门式框架，滚动式索鞍，重力式锚碇。康定岸桥台和锚碇基础置于岩层，雅安岸锚碇建筑在粗砂夹卵石层上。建成后的悬索吊桥全长132米。

当时参与建桥施工的劳动力有6种来源，包括"常工班"、兵工、技术工、包商工、临时点工以及由泸定县农协会发动的民工。泸定大渡河钢索吊桥于1950年10月6日开工，1951年5月底完工，6月4日落成通车。建设前的预算为171.20万元，实际支出147.51万元，占预算的86.2%。[②]

在建桥中，雅甘工程处的技工们发挥主观能动性，在艰苦的条件

① 据1954年6月12日《新华日报》的《大吊车驾驶员陈瑞盘》，转引自《纪念川藏青藏公路通车三十周年文献集》第三卷 英烈篇、艺文篇，纪念川藏青藏公路通车三十周年筹委会办公室、西藏自治区交通厅文献组编，1984年。
② 四川省甘孜公路养护总段编：《甘孜州省管公路志1950—1992》，1994年。

下，创造出很多"奇迹"。如两岸的"桥头堡"基础打桩，当时没有钢筋混凝土预制桩和打桩机，完全是用人力把木桩和少量钢桩打入的；又如钢绳力学试验，当时没有机械，是由一个工程师带领一个班的工人把钢绳用绞盘拉一遍，然后收卷、张开，每天测量，经过半年后才得出伸缩度的数值。还有大量的电焊工程量，仅是由一个焊工完成；钢梁是由重庆钢厂制作的。那个时候，没有施工机械，很多只能靠土法上马，最后终于完成沉重的钢绳和钢梁的架设，确实是架桥史上的奇迹。

通车那一天，整个泸定万人空巷，热闹非凡，人们怀着欢乐喜庆的心情参加开桥盛典。通车剪彩后，西南军政委员会交通部赵健民、穰明德两位领导的车子在前开道，后面一辆车紧接一辆车缓缓通过，两边是秧歌队和腰鼓队，群众挤满了桥的两端，欢庆活动一直持续到晚上。①

飞仙关钢索吊桥与泸定大渡河钢索吊桥的建成，为确保进军解放西藏和修筑康藏公路立下了不朽的功勋。泸定大渡河钢索吊桥于1952年6月和1955年4月经受了2次7级左右的地震考验，桥塔在强烈的地震中受到一些损坏，出现了少量横裂缝和直裂缝，但可以照常通车。

经过十几年的沧桑岁月，泸定大渡河钢索吊桥已不能满足运输的需要。1969年，经交通部批准，同意修建双曲拱桥，代号为"07039工程"。该桥由四川省交通厅勘察设计院设计，由四川省公路工程局一处一队施工，1970年5月开工，在上游100多米处修建双车道的双曲拱桥——泸定大渡河四川特大跨径双曲拱桥。1971年5月，大桥落成，总投资185.48万元，投劳10.7万个工日。1971年6月1日，大桥举行通车典礼。这座桥通车后，泸定大渡河钢索吊桥就封闭备用。

2022年10月，笔者来到大渡河西岸边，大渡河水汹涌咆哮，奔涌向前。远远望去，一座吊桥如长虹卧波，巍然耸立在大渡河上。10多米高的黝黑索塔上，有当时西康省政府主席廖志高题写的楹联"河水南流任澎湃波涛难阻当年红军奋勇前进，创造光辉纪录，完成长征，奠下

---

① 政协成都市青羊区委员会学习文史委员会：《修筑川康青公路的回顾》，原载《少城文史资料》（第八辑），1996年1月，刘芳供稿，庞孝益整理。

胜利基础；旌旗西指，看神勇大军全扫康藏残敌，努力建设，力求民族幸福，实行团结，组织友爱家庭"。正对着的西岸崖壁上，竖有三道屏墙，左为十八军军长张国华、政委谭冠三撰写的碑文（已经漶漫不可辨识），中间是谭冠三书写并阳刻的毛泽东《七律·长征》诗，右为西南军区支援司令部、中国人民解放军第十八军镌刻的碑文，碑文由石在撰稿，陈明义、程培兆修定。

一九三五年，中国工农红军在千难万险的长征途中，曾在这浪涛澎湃的大渡河上，遗留着我勇士们英雄史迹，永远为全国人民所敬仰而缅怀的。一九五〇年紧接着大西南解放事业以后，为了彻底完成解放西藏、巩固边防的任务，我们又踏上了红军光荣的圣迹。在"一面进军、一面建设"号召下，由西南交通部负责修建钢索悬桥于大渡河上，既确保西陲交通之永畅，又巩固了我们的国防。爰于一九五〇年七月筹划并设计，十一月正式兴工。由于民工、兵工、技术人员等发扬了他们高度的爱国主义精神，竭尽智虑，终于克服一切困难，在一九五一年五月底胜利完成辉煌建桥任务。如此不仅使边陲交通称便，且对康藏的政治、经济、文化之长期建设有莫大裨益，更充分标志着劳动人民对建设祖国边疆之胜利信心。兹谨为文镌碑，以示永矢勿谖。

在屏墙上方索桥锚碇的位置，有一个小小的岗楼。同行的甘孜州公路建设服务中心宣教法规科科长杨宪蓉、老职工杨健康介绍说，这是以前为保卫大桥修建的，最初是解放军守桥，后来改为养路总段的人来守。杨健康还说当年在泸定养路段上班时，也曾在这里驻守。因为这座大桥是川藏公路的命脉之一，必须保证万无一失，所以那时的公路养护工人在这里守桥，也要配发枪支。

来到东岸，迎面就是高耸的索塔，在夕阳下显得非常雄伟。大桥已经被铁门封闭，可以从铁栅往外看到大桥的加劲梁，桥面已经取下，加劲梁也锈迹斑斑了。四周树木茂盛，大渡河水声轰隆，仿佛当年解放大军正车轮滚滚驶过大桥。门式索塔横梁上书"大渡河桥"四字，是由西南军政委员会主席刘伯承题写。索塔两侧是中国人民解放军总司令朱德题写的楹联"万里长征犹忆泸关险，三军远戍严防帝国侵"。索塔下面的桥栏上，雕塑着当年劳动的工具：管子钳、扳手、钢锯、大锤、錾子……面对大桥的右边空地上，有一块正面刻着"全国重点文物保护单位川藏公路大渡河悬索桥"的汉白玉石碑，石碑的背面是川藏公路大渡河悬索桥简介，这该石碑是在国务院2019年10月7日公布了第八批全国重点文物保护单位后由四川省人民政府树立。与参观人数众多的泸定桥相比，这里显得有些寂静，希望在不远的将来，这里也能成为人们感悟"两路"精神和进行革命英雄主义教育的基地。

离大渡河钢索吊桥上游不远处，就是1971年建成的双曲拱桥，已经没有通行了，在旁边搭了一座钢铁便桥。而再往上游，还有一座像两道红色的长虹跨过的拱形钢架桥，这是双曲拱桥停用后，为了方便两岸交通而修建的。

2018年12月31日，川藏高速公路上的泸定大渡河大桥（兴康特大桥）竣工通车。该桥全长1411米，主跨1100米，两边跨分别为220米和253米。大桥为双塔、单跨悬索桥，和1950年的大渡河钢索吊桥有几分神似，它飞架云中，美轮美奂，成为沟通川藏的又一座"丰碑"，也是"两路"精神传承的最好写照。

1971年建成的双曲拱桥（甘孜州公路建设服务中心资料图片）

全力抢通康甘段

据时任雅甘工程处桥工队队长的黄渭泉的回忆文章记述，民国时期，国民党组织修建自雅安经马尼干戈到青海玉树的康青公路，但随修随毁，很少通车。国民党军队溃退时，又破坏了沿线的桥梁，加上水毁和完全没有养护，有些路段连路基都没有了。要打通这条道路，就必须进行抢修。

解放军工程兵及康青技术大队抢通川康线后，立即自康定向西推进，开始抢修康甘段路线。康甘段是从康定到甘孜的路段，全长384公里，但实际上当时还包括到马尼干戈这一段，所以后来称康马段，全长491公里。康定以西越过4900多米的折多山后称为"出关"。康定出南门即为折多山东麓，河谷慢慢展开，地形较为开阔，山间河谷地坡度较为平缓。至新都桥及其沿线多为冲积小平原或傍山沿溪，但地下水、地表水丰富，沼泽地段较多，沿线气候恶劣严寒，每日时晴时雨，大雾弥漫，午后吹雪风，早晚寒冷尤甚，空气稀薄，整个抢修工作非常艰辛。

当时确定由工程兵七、十、十二团等及康青大队承担抢修任务。根据川康线抢修的经验教训，康甘段抢修改用了分四期工程逐步向前推进的方法，即一期工程康定至拔桑，二期拔桑至道孚，三期道孚至甘孜，四期从甘孜通至海子山。

一期工程要翻越折多山，工程兵于1950年6月23日开工，十八军侦察营、独立营于6月28日进入新都桥附近营官寨，在进军中参加抢修工作。康青大队一、二分队参加抢修。

从康定出发前，工程兵十二团政委张启泰向部队讲话。他号召大家：我们现在是进行着新的长征，要为新的共和国谱写新的篇章。

由于很多战士都是由平原地区参军的，在折多山公路的抢修中，不少战士出现很严重的高原反应：头昏脑胀、脸肿、唇青、恶心呕吐、心跳加快……十二团六连一个战士，扛着三四十公斤重的工具上山，快到山顶休息时，一下坐在地上，就再也没有起来。一个鲜活的生命，就这样悄然离开了人间。全连的战士都悲痛不已，把他埋在了折多山上。

在山上劳动，却吃不到新鲜的蔬菜，除了粉条、大米、大豆、花生米外，别无可供食用的食品。许多战士和工人由于缺乏叶绿素和维生素，腿上长满了大小不等的紫斑。山上的用水更是难上加难。有的战士

各族人民支援抢修川康线，图为骡马运输队（甘孜州公路建设服务中心资料图片）

用"九九归一"来形容取水之难。"九九归一"说的是用9盆雪，方才化出一锅水。战士们洗脸、刷牙的水则全靠融雪取水。由于洗衣服、洗澡的水无法解决，好多战士和工人的衣服无法换洗。他们几乎不存在"洗澡"概念，好多人的衣服不知不觉生出了虱子。但每天工作非常劳累，回到帐篷大家倒头就睡着，哪个还感觉得到虱子在偷偷吸血呢？

荣立一等功的八连班长冯家礼，常常在班里向战友们谈自己的体会：当兵就得吃苦，吃苦能创造人间奇迹，不吃苦，什么也干不成。

虽是抢修工程，但这里由于海拔高，工程量也不小。施工工具依然简陋，只是指挥部给每个班发的两根大铁撬杠。遇到很大的石头，大家就用撬杠撬起来，喊着号子，把石头挪开。

抢修工程进行得很顺利，为期26天时间，不到一个月，7月17日一期工程就宣告完工。

据黄渭泉的回忆文章，由于这条路上的桥梁几乎都被毁坏，从1950年5月到11月，部队和康青大队在康甘段上修建了很多桥梁。在随后的二期工程中，需要在塔公寺一带架设木桥，这是为保障通车临时架设的便桥，随后才开始正规桥梁的架设。工程兵十二团的三个营各承担了一座木桥的修建任务。在建桥的过程中，三营八连在砍树时，六班的战士砍倒的一棵树砸在另一棵树上，改变了方向，向四五班的工作点倒去。在千钧一发的时刻，三营二排排长刘喜昌发现了，他一边大喊着"快躲开！"一边跑过去，没想到战士们躲开了，而那棵树却砸在了刘喜昌身上，这位年轻的排长献出了自己宝贵的生命。刘喜昌牺牲后，部队把他葬在塔公寺。大家整理他的遗物时，除了找到一个针线包和补丁摞补丁的衣物、鞋子外，其他什么也没有了。①

抢修康甘段的二期工程是从拔桑至道孚，实际路程有118公里，要经过小松林口、橡皮山、大松林口。沿线为平坦的河谷及地形平缓的小山梁口，多为水草、泥沼地带。工程兵部队七、九、十、十二团及康青大队

---

① 张学亮编写：《高原天路——康藏公路建成通车》，吉林出版集团有限责任公司，2011年。

一、二、三分队参加抢修，经过20多天的奋斗，于1950年8月9日完成。

三期工程从道孚至甘孜，实际路程有159公里，工程兵部队七、八、十、十二团及康青大队三、四分队参加抢修，于1950年8月25日通车，为期仅16天。路线自道孚沿鲜水河而上，至朱倭，翻越锣锅梁子到甘孜雅砻江河谷冲积平原，经过正在修建的飞机场至甘孜。锣锅梁子海拔3970米，这一段路程地形平坦，工程较为简易，因此进展更快。

四期工程由甘孜到马尼干戈再到海子山，公路抢修到甘孜后，随即又通至马尼干戈，于9月下旬通至海子山，总计康甘段（康青公路）共长506公里，实际只延伸至海子山东麓的海子口。当年抢修工程进展这么顺利，除了参加施工的军民的奋战外，还得益于当地党政和各族人民的大力支持，公路还在踏勘、测量时，地方政府就派来向导、通司（藏汉语翻译）、驮运队和砍荒民工支援，公路修到哪里，就支援到哪里。各族人民运送施工材料、物资，运来柴禾、蔬菜与其他生活用品……直到圆满完成任务。①

穰明德主编的修建川藏线的图书

---

① 四川省甘孜公路养护总段编：《甘孜州省管公路志 1950—1992》，1994年。

天路见证
——川藏公路甘孜段『两路』精神传承史

修建甘孜机场时，十八军的干部战士在这里挖的"窑洞"（一）

修建甘孜机场时，十八军的干部战士在这里挖的"窑洞"（二）

就在康甘段抢修的第三期工程结束后，向青海方向的第四期工程继续前进，往昌都方向的工程却停了下来，公路"便像一条长龙在地上卧了下来，它停顿了半年多的时间才继续向昌都延伸游动"。当年十八军后方部队政治部文工团创作员高平在《修筑川藏公路亲历记》中述说了原委。1950年8月27日，十八军举行了甘孜会议，参加会议的有张国华、穰明德、李觉、天宝、吴忠等。会上，根据中央的指示，决定进军昌都（察木多），并且一致同意将公路继续往昌都修筑，会议开得很顺利，没有什么分歧和争论，但是没有能够确定甘孜至昌都段公路的线路问题，也没有确定公路主要由谁来修。穰明德于8月29日离开甘孜，回到四川邛崃，向陈明义传达了甘孜会议的决定。不久，上级确定继续主要由十八军派部队修筑去昌都的公路，技术人员由西南军政委员会交通部选派。1951年5月12日，根据西南军区的决定，成立了康藏公路修建司令部。陈明义任司令员，穰明德任政治委员，张忠（十八军五十四师师长）任副司令员，王其梅（十八军副政委）任第二政治委员。当时往昌都的公路暂停，其原因是要进行康甘段的钢桥架设和加固维修，准备进行昌都战役，还有大量施工准备工作等，而一个主要的原因是部队要先去甘孜修建一座飞机场。

甘孜是康北重镇，海拔3700米左右，地势平缓，县城所在地绿树成荫，颇有江南风味。工农红军长征时，还在这里帮助藏族同胞建立了第一个自治政府——博巴伊特瓦。

2022年6月下旬，正是康藏高原的黄金季节，蓝天白云下到处鲜花盛开，我们来到甘孜县城附近当年十八军修建的机场遗址。长宽数公里的机场遗址上，开满了一丛从粉红的狼毒花、蓝色的倒提壶花，以前夯实的地面已经满是鼠洞。肥硕的高原鼠没有怕人的意思，不时钻出洞来，飞快地在草地上奔跑。机场旁边的波拉瓦山，是一座不高的土山。远远望去，上面有很多洞，从下往上有好几排。原来这就是当年建设机场时，十八军的战士在这里挖的"窑洞"。

1950年3月，甘孜机场工程指挥部成立，十八军能抽调的兵力全部集中到甘孜，准备开始万人大会战。4月11日，甘孜机场的扩建开始了。

修建机场的工地是一望无际的旷野，到处是起伏不平的小丘，荆棘丛生，乱石林立，四周的远处都是高山。领导交代的任务是要削平一座座小山丘，填平一个个大洼地。十八军战士刚来这里时，很多人出现高原反应，还遭遇高原多变的天气，忽而骄阳似火，忽而风沙大起，忽而大雨如注，忽而冰雹袭来。特别是大风吹来，帐篷搭不起来，勉强搭起来了，也常常会被大风刮跑。大家想了很多办法，最后上级决定：在山坡上挖窑洞。大家就尝试着在波拉瓦山上挖窑洞，没想到还真行。4月，有些冻土还没化，必须先点燃草根将上层冻土融化，才比较好挖下面的土。接着是准备"建材"，要到离宿营地数十里外的山林里砍树。

经过几天的努力，窑洞修好了，仅有一米多高，顶多算个简易地洞和"地窝棚"。但是，年轻的战士们边唱着歌边高兴地美化新建起来的"家园"。他们在一排整齐的窑洞前开出一方平台，平台的一端用石头和泥土草坯修一张饭桌，饭桌四周砌四条长凳，就成了"饭厅"，平台的另一端是每天集合、点名、做操和集体活动的小广场。他们还在住地周围的地上，用彩色石子嵌上"进军西藏，保卫祖国""建设边疆，加强国防""解放军是人民的子弟兵""民族大团结万岁"等标语和各种几何图案。

站在倒塌的窑洞口向背后的山上望去，不远处的山顶上有9座孤零零的土坟，那里埋葬着修建机场时因窑洞坍方和其他原因牺牲的9位年轻的女兵。当年竖立的木质墓碑早已因风吹雨淋，年久破损，分辨不出墓主的名字，后来的人们在坟前的一块青石板上刻上了"十八军无名女战士墓"几个字。[①]

时隔近70年漫长的岁月，我们来到这里，走进波拉瓦山上的窑洞里，见每个窑洞有三四平方米，刚好能住一到两个人，有些"豪华型"的窑洞，面积要大一些，除了一道门之外，还挖了两个洞作为窗户。虽然这些窑洞里面都垮塌了，但还是能看到部分拍得严实的墙壁，有挖出

---

① 张小康著：《雪域长歌——西藏1949—1960》，四川人民出版社，中共党史出版社，2015年。

来放置东西的台子。我们不由感叹，当年热爱生活的战士们曾多么认真地"装修"自己临时的"家"，那些把宝贵的生命留在这片土地的战士们，要是能活着看到如今的幸福生活，该是多好啊！

　　甘孜机场的修建在1950年11月结束，11月20日，举行了落成典礼，从广汉飞来了三架飞机，并在典礼举行前进行了试飞。飞机飞往哪儿，人们就招手招到哪儿，场面空前热闹。机场完工后，康藏公路往前推进又迫在眉睫，迎面而来的艰巨任务就是要翻越雀儿山。

第二章　雪山点头彩云把路开

全力打通雀儿山

1950年7月，西南公路管理局雅甘工程处改名为西南军区支援司令部工程处。在完成了康甘段的抢修工程后，10月，工程处下属的川康技术

美丽的新路海（陈勇/摄）

大队撤销，所属的7个分队合并为新津、名山、天全、新沟、泸定5个工务段，直属于工程处领导。

为了尽快挺进拉萨，康藏公路继续往西延伸。但到了马尼干戈后，军民们遇到的第一个难关就是翻越雀儿山。高平写过一首《打通雀儿山》的歌词："提起雀儿山，自古少人烟，飞鸟也难上山顶，终年雪不断。地冻三尺深，乱石把路拦，开辟康藏交通线，这是一道关……"雀儿山藏名"措拉"，意为巨鸟羽翼。山峰高度逾5500米，其中超过6000米的山峰有3座，故当地有"爬上雀儿山，鞭子打着天"之说。山麓海拔3500～3800米，相对高差约1000～2000米。山体由花岗岩侵入体构成，经流水、冰川等作用后，石峰嶙峋，山脊呈锯齿状。积雪、雪崩等危害公路的病害较为严重，以山顶东西两面及山西朝山坡最为突出。气候条件相当恶劣，山顶长期冰天雪地，积雪深达2～3米，一般积雪厚度在0.4～1米。气温变化很大，6月至9月气温在2℃～－7℃；9月中旬开始降雪，10月至12月，日间气温－16℃～－22℃，山上每天刮狂风2、3次。1

月至3月为最严寒的冰雪封山期。个别年份6月也会大雪封山。

雀儿山主峰的西北麓是海拔4100米的冰川湖新路海，藏语称"玉龙拉措"，就是"心倾神湖"的意思。相传藏族史诗中格萨尔王的爱妃珠姆来到这里，沉醉于美丽的景色，徘徊于湖边流连忘返，她的心也永远伴随着清澈的湖水，带来宁静和安详。后人为了纪念她，将湖取名为玉龙拉措。据说新路海的名字就是修建康藏公路的人们给取的。新路海有"西天瑶池"的美誉，碧绿的湖水在一片荒凉的大山包裹之中，在雪峰的映照之下，倒映着高原湛蓝的天、洁白的云，令人心旷神怡。然而，欣赏了新路海的美景之后，再抬头看看前面高耸入云的雀儿山，会不由得心里一紧。

实际上，早在1950年5月，踏勘队就随进军部队到了甘孜，在康甘段抢修工程完成后，9月由马尼干戈向西勘察。10月1日，康藏工程处在新路海成立，开始筹备马尼干戈到拉萨一线进一步的勘察、测绘和设计工作。由于当时昌都还未解放，鉴于当时的治安情况，踏勘队只能随军行动，难以展开大范围的勘察，任务又十分紧迫，只好在两个备选方案中选择了较近的一条，就是翻越雀儿山，经柯洛洞、德格，在岗托渡过金沙江。

1951年5月12日康藏公路修建司令部成立后，立即着手开始了修建工程。5月28日在马尼干戈开工，西南军政委员会交通部部长赵健民到工地做了动员报告。时值和平解放西藏协议签订，喜讯传到工地，筑路部队和员工无不欢欣鼓舞，个个斗志昂扬，决心加快把公路修到西藏。

为保证工程的顺利进行，国家从全国各地抽调工程技术人员、行政管理人员600余名

雀儿山峭壁（马明寿/供图）

先后到康藏公路工作。1951年6月、7月，国家将西南地区的云南大学、贵州大学、四川大学、川北大学、川南工专等大专院校部分应届毕业生分配到康藏公路，主要加入五十三师、五十四师。这批学生后来在修建康藏公路中发挥了很大的作用。

据2012年4期《文史月刊》记载，辛亥革命烈士彭家珍的嗣子彭传直1951年从四川大学土木系毕业后，其母亲王清贞已经63岁了，支持彭传直报效边疆。彭传直来到康藏公路上一干就是四年，并在这期间入党。康藏公路通车后，1955年，彭传直回到成都，没住上几天，又去了山东、北京、山西工作。彭传直从1958年来到山西，历任工程师、副总工程师、副局长、总工程师，是山西交通界屈指可数的教授级高级工程师。从时间上看，彭传直正是在康藏公路修建司令部成立后，在国家的安排下，来到康藏公路的，这里也是他一生事业的起点。

此段新建工程投入的劳动力，有在成都、重庆等地招雇的开山工2900人、木工200人，调用藏族民工1100人，安排工兵2个团，步兵6个团，共11000人。在成都、重庆等地招募的开山工，于1951年5月28日陆续到达马尼干戈，先安排在马尼干戈至东台站段。东台站至雀儿山东侧山脚路段，由步兵及兵工承担。雀儿山全线山路24.5公里，有回头线5处，通过山岩线段17段，其中工程艰巨的地方有8段。根据规划，工程分为三步进行，第一步进行打通山顶的重点工程，第二步修筑回头曲线的重点工程，第三步修通全部线路。7月5日，先调上山工人就有4个中队，布置在山顶东西两侧。7月中下旬，先后又调上山9个半中队，参工人数达到1600多人。步兵于8月下旬陆续到达工地。东侧山脚至西侧门扎寺（山脚）30公里路段，由技工、步兵、工兵承担。门扎寺至岗托金沙江边，由开山工、藏族民工、兵工承担，重点是柯洛洞一带的石方和通藏一桥一段绝壁悬岩峡谷。有些地段须先开牦牛运送物资的便道。藏族民工1100人8月下旬到达柯洛洞附近开始工作。9月底、10月初，所有预计的军工部队，先后抵达工地参加施工。为了突击修建雀儿山工程，在山顶两侧成立了东山、西山两个指挥所，直接指挥战斗，这也是马尼干戈

雀儿山的川藏公路老路（G317线）（陈勇/摄）

至岗托金沙江边兴建抢修的主要领导指挥机构组织。①

　　打通雀儿山的战斗正式打响时，这里已经进入了寒冷的季节，虽未入冬，但山上已经非常寒冷。筑路队伍投入施工之时，已是大雪封山，气温在−30℃左右。参加施工的部队集中10天时间，学习了一般筑路施工基本常识，就进入了雀儿山工地。

　　据参与了打通雀儿山战斗的西南公路工程局一等劳动模范刘全文回忆，他上高原后参加的第一个工程，就是打通雀儿山。雀儿山上满山遍谷的都是雪，有的地方雪就有一人多高，大风刮来，满天雪花飞。山上气温经常−20℃～−30℃，冷得叫人难受。开工后，他们喊出了"用热血溶化冰雪，用双手战胜困难"的口号。尽管山上每天忽雨忽雪，衣服被淋得湿透，人冻得发僵，大家仍一个劲地干。在捶片石的工作中，同志们拿着12磅的铁锤，朝着冰冻的石头打去，就像打在钢铁上一样，叮当作响，火花四溅，石头却一片也打不下来。山上空气稀薄，有些同志打上一两锤，就喘不过气来，必须休息一下，这种情况严重地影响着工程进度。刘全文看到这种情况，就和许多体力较强的同志，争着去捶片

---

① 四川省甘孜公路养护总段编：《甘孜州省管公路志1950—1992》，1994年。

石。他们高高地抡起铁锤，顺着石头的结构纹路，一点点地敲打，石头终于被敲碎了。

另一位西南公路工程局的一等筑路劳模钟海清在回忆文章中写到自己在雀儿山工地的情形。1952年3月钟海清来到雀儿山工地时，雀儿山的垭口已经初步通车了。钟海清他们一个班就有30多人，住一顶帐篷。用铁锅做饭，饭煮不熟，经常吃夹生饭。柴禾要下山去打，然后背上山。没有蔬菜吃，顿顿都是黄豆、大头菜，有时吃盐水下饭。由于天气冷，撬棍、钢钎上会起冰，一握住就会被冻住，有黏手的感觉，一不小心还可能扯下一块皮。开始时，每天两个人打炮眼，只能打30～40厘米。对炸药性能也摸不准，使用的废旧枪炮药，往往一放就成"冲天炮"，炸不烂石头。说来也怪，每次放炮后，马上就会冰雹连天，打在头上很痛，躲也无处躲。后来，他们经过试验，用枪炮药和黑色炸药混合装炮，一层黑药，一层枪炮药，效果就好些。工地上还开展劳动竞赛，打炮眼的技术也逐渐熟练了，两人每天能打炮眼2～3米。

由于当时筑路的工人和部队战士都没有石方作业和剥掉冻土的经验，冻土十分坚硬，一镐头挖下去，只能起一个白印，工效很低。后来他们想到了火攻的方式，到几十里外的森林去砍伐柴禾，背到工地上，燃起大火烘烤冻土，边烤边挖掘，修路效率提高，终于击败了这只"拦路虎"。山上打炮眼是非常困难的事，一般人挥动几下12磅的大锤都感到很累，但工程兵八团五连班长、筑路特等功臣杨银海，却在雀儿山上创下了一个半小时抢锤打钎1200余次的纪录，炮眼深度1.7米。杨银海也被誉为"千锤英雄"。这个纪录在今天看来，也是令人惊叹的。在一些无法攀登、无法立足的地方，筑路人员就搭起人梯上下，还在腰间拴上绳子，悬空撬石打炮眼，这就是称为"悬空打炮眼法"的创举。凛冽的山风吹来，人就在半空中摇荡，非常危险。而每天雀儿山上炮声隆隆，炸起的飞石像炮弹一样到处飞溅，一些大石头径直滚下山崖，掉进谷底的激流，那些乱飞的石块对筑路的人员是一种很大的安全威胁。

在雀儿山上，生活条件也异常艰苦。当时既无防护衣，又无长筒胶鞋，工作量又很大，加上彻骨的奇寒，严重缺氧，体力大量消耗导致过度疲劳，使不少同志生了病。有的同志还全身浮肿，心里像塞着一团棉花；有的面颊黄瘦，双眼深深凹陷；有的每餐只能吃半碗饭，刚咽下去就连饭带血吐出来。但战士们却很乐观、活跃。收工回到住地，大家总是有说有笑的，谈生活的感受和胸中的抱负，到处洋溢着欢乐的情绪。战士们风趣地说："在我们这里（雀儿山），住地是5000米高度，睡觉是斜坡30度，开水是沸点70度，气温是零下20度，可我们的生活，却沸腾到了100度！"营长鲁芝东补充说："在党的领导和人民的支援下，我们的智慧和力量没有限度！"由于没有墨镜的防护，有的同志得了"雪盲"，眼睛疼痛伴随着头痛，但他们从不后退，仍然坚持战斗在一线。经过筑路大军不怕困难、英勇顽强的战斗，1952年1月17日，打通了雀儿山全线道路，6月通到岗托金沙江边。甘孜境内的康藏公路全部路段建成。

康藏公路的建成，离不开当地藏汉人民的大力支援。1952年《西康日报》报道："藏族同胞出动了数万头牦牛和大批人力，在1700余里的康北各路运输线上，无论是酷寒的冬季还是严峻的夜间，运送着各种物资，保证了进藏部队和筑路部队的补给。"据1954年穰明德主持编写的《康藏公路修建史料汇编》记载："康藏工地运输几乎全赖牦牛，藏民支援的畜力多达60万驮次。"而德格县的"支前模范"曲美巴珍是其中的代表。在筑路大军打通雀儿山之后，经德格向前挺进时，曲美巴珍牵着两头牛、一匹马，同邻居们一起加入了运输队伍。有一次她的牛累得走不动了，她就自己背着50多公斤重的驮子继续前进。每当下雨或飘雪时，她带头用自己的毡子搭在牛身上，把衣服盖在驮子上，保护运送的物资。从柯洛洞到光通河的60公里路段崎岖险恶，稍有不慎，人和牛马就会掉下悬崖摔得粉碎，然而，曲美巴珍和她的妇女运输队没有被困难吓倒。她们在这条路上来回跋涉，顺利完成了100多次运输任务。

巍巍雪山怀英烈

    2022年6月，我们一路长驱，经过新路海，在饱览了它美丽的景色之后，来到雀儿山下。由于2017年9月26日雀儿山隧道正式通车，我们已经不必再翻越高高的雀儿山了，通往雀儿山山顶的公路已经封闭。经过7079米长的隧道，眼前豁然开朗。雀儿山隧道的建成，使过往车辆只需10分钟就可以穿过雀儿山，不必再绕行两个多小时走危险山路，较原路节约里程近20公里，避开了原公路多处易发雪崩和泥石流的危险路段。

    隧道西洞口一侧是2021年8月落成的川藏公路十八军红色教育基地。靠雀儿山的北面广场上，一座川藏公路十八军英雄纪念碑巍然耸立，广场上塑有筑路英雄们的群像。广场的左边是十八军进藏雀儿山纪念馆，右边是张福林烈士纪念馆，正面约一百多米处，就是张福林烈士的雕像。雕像中的张福林烈士身穿军大衣，左手拿着军用水壶，右手挂着大铁镐，目光深邃。雕像的背后就是张福林烈士墓。不远处，是雀儿山十八军筑路英雄烈士墓，在这里，静静地长眠着烈士们。据纪念馆的人员介绍，张福林烈士和其他烈士的墓是不久前才从雀儿山六道班的原址旁迁过来的。

张福林烈士墓原址（陈勇/摄）

新建的张福林烈士墓（陈勇/摄）

在打通雀儿山的战斗中，共牺牲了300多位战士，占整个康藏线牺牲人数的10%。张福林是他们中的一位。1951年12月，张福林所在的部队来到了雀儿山上。张福林是河南扶沟人，母亲曾是我党的地下交通员，在1947年为掩护同志不幸被捕，惨遭杀害。张福林继承了母亲的遗志，1948年8月参军入党，是十八军五十三师一五九团三连六零炮班班长。他参加过太原、秦岭、成都战役等大小战役10多次，是一个在500米内百发百中的神枪手。在川西剿匪中，他曾通过深入群众瓦解土匪杨万贵部。接着，他又马不停蹄地参与修筑康藏公路。张福林在进藏后，升任六零炮班班长。炮班承担了爆破任务，不分昼夜地放炮，但是一炮只能炸掉不到两立方米的石头。大家都在琢磨怎么放大炮，才能提高工效。张福林积极向参与筑路的工程师和战友们学习，研究出改善装药方法和利用石缝放炮的办法，第一次用70斤炸药，炸掉了570方石头，第二次用40斤炸药，炸掉了470多方石头。他放大炮的经验，也在工地上推行开来。部队收工了，张福林总是主动留下来装药、点火，直到放完了炮，才顺着雪路滑回驻地。夜里，大家都入睡了，他还在清理和整修全班的工具。

1951年12月10日中午收工后，张福林照例在工地上检查炮眼及装药情况。正当他聚精会神作业时，突然，从山崖上方坠下一块两立方米大的巨石，他来不及躲避，巨大的石头砸在了他的右腿和腰上。当战友们闻讯赶来搬开石头时，张福林已昏死过去，鲜血染红了冰雪。过了很久，张福林才睁开眼睛，说的第一句话是："我怕是不能再为党工作了，我衣服口袋里还有四万五千元（旧币，折合现币4.5元），请代我交最后一次党费吧！请告诉上级，说我不能为人民服务了。"卫生员要给他打针，他哑着嗓子说："我已经不行了，替国家节省一针药吧。"战友们要抬他上担架，他拒绝道："我不行了，你们赶快上工去吧！"一小时后，张福林壮烈牺牲。

张福林牺牲后，战友们在他的遗物里发现了一个小包，有5包菜籽和1本日记。菜籽是他进藏之前用自己的津贴在四川买的，他一直带在身上，希望能在康藏高原播下种子，让同志们和藏族同胞都能吃到新鲜蔬菜。日记里全是他对自我领导方法的自我批评和工作经验体会。

张福林的事迹传遍了康藏高原，他被追记一等功，并被授予"模范共产党员"称号。《人民日报》发表《学习张福林忘我精神》的短评。张福林生前所在的班被命名为"张福林班"，全班同志都继续着他未完成的事业，在筑路部队中保持着模范班的称号，在全军立过集体一等功，全班同志每人都立了功。张福林的英雄事迹让筑路队伍深受鼓舞，他们以张福林为榜样，克服前进中的种种困难，使公路不断地向拉萨延伸。

天路见证

第二章　雪山点头彩云把路开

川藏南线筑路故事

　　汽车爬上折多山时，路面已经积雪，远近的山上都覆盖着一层银白，就像穿着一件白色的天鹅绒大氅。不少汽车都停在路边挂链条，大雪天气的塞车是这一段常见的现象，好在现在的路面宽阔，没多久就畅通了。我们乘坐着甘孜州公路建设服务中心的车，一路顺畅，翻过4200米的垭口，往"关外"前进。这是2022年的10月中旬，折多山东面雨雪霏霏，而西面却是阳光灿烂。这次我们沿着318国道往前，探寻这条被称为"最美景观大道"的川藏南线甘孜段筑路与护路的故事。

位于雅江县境内的天路十八弯（G318线）（陈勇/摄）

甘孜州境内的这段318国道，在建设之初是起于康定县新都桥以西3公里多的东俄洛，西至巴塘，称为东巴路；1959年延伸至金沙江边竹巴龙（以前叫竹笆笼），后称为东竹路。

1954年12月，就在康藏公路通车之后，周总理就亲自提出并部署修建东巴公路。1954年3月，中央交通部公路总局西南设计局与第十八军后方部队根据中央指示和部署，联合组成东俄洛至巴塘公路勘察队，对东巴公路进行了踏勘，初步提出了线路走向方案。1954年年底，四川省交通厅公路局测设大队进行了东巴公路的测量和设计工作。

1956年年初，按照中共中央和中共四川省委的部署，甘孜地区率先开始着手实行对封建农奴制度的社会主义民主改革。"社会主义民主改革从根本上触动了落后的封建农奴制度，引起了地方封建统治阶级的极大恐慌……在甘孜州民主改革的过程中，2月中旬出现了局部武装叛……给人民生命财产造成了极为严重的损失。"[①]

由于康南地区不通公路，交通不便，人民解放军平叛部队行动困难，社会主义民主改革普遍受阻，人民生命财产受到很大损失。为了保证平息叛乱的胜利，彻底完成康区民主改革，支援康南地区经济、文化发展，中央决定尽快修建东巴公路。1957年年初，由甘孜藏族自治州、交通部公路总局一局三处、四川省交通厅公路局一处和部队组成"甘孜藏族自治州东巴公路筑路指挥部"。指挥部设在东俄洛官坝子，负责组织领导修建东巴公路。1957年4月13日，指挥部发出的004号文中，转达了甘孜州人民委员会于4月10日发出的由沙约担任指挥长兼政治委员，刀登担任副政治委员，李维章、赵林清、郭仲常、韩廷虎任副指挥长的人事任命决定。

东巴公路的修建，分两个阶段进行。第一阶段从东俄洛至理塘，计划长206公里，分三期分段施工：第一期工程，东俄洛至雅江；第二期工程，雅江至牛西卡；第三期工程，牛西卡至理塘。共约8000余人（一

① 文艳林著：《甘孜藏区叛乱对周边地区尤其是西藏的影响》，原载《康定民族师范高等专科学校学报》2002年第11卷第1期。

线劳动力5700人）施工，仅用了9个月又10天时间。第二阶段由理塘至巴塘，计划约198公里（包括义敦支线2公里多及牛西卡至理塘的80公里改善工程任务），分两期施工：第一期工程，理塘至义敦沟口；第二期工程，义敦至巴塘。1958年8月17日粗通试车，月底结束扫尾工程。东俄洛至巴塘竣工连续里程为385.324公里（有关资料档案记载有385.455公里、385.800公里、385.500公里，后取整桩号为385公里）。1958年9月20日，东巴公路终于全线通车，通车典礼在巴塘举行。

从巴塘到竹巴龙（巴竹段）路段在1959年4月13日开工，同年12月中旬竣工。在完成修筑公路的同时，还建造了金沙江渡船3只及应有跳板等全部渡口设施。

至此，东巴公路即称东竹线，后来形成了川藏南线的东段线路。东竹线全长共416.824公里，后调整为整桩号417公里。

东巴公路沿线属新构造运动现象明显地区，处于鲜水河断裂带、甘孜—理塘断裂带、乾宁—康定断裂带，以及金沙江大断裂带。这些大断裂带中，包含了三十多条大断层及断层组，与公路有着直接关系。沿这些断裂带，地震、滑坡、崩塌、地裂缝、地鼓包及温泉、热泉呈带状大量出现，公路穿过横断山脉，山顶海拔高，全线属青藏高原高寒区。新都桥系山间河流冲积小平原。新都桥至理塘地貌区划为雅砻江深切河谷山原区。雅砻江自北向南纵贯"康巴"，地形切割，高差变化于4400～2700米，相差达1700米，形成深切河谷与高山山原地貌。高尔寺山、剪子弯山、卡子拉山、鸡玛拉山均处在其中。海子山是金沙江和雅砻江的分水岭，终年积雪，气候恶劣严寒。理塘至海子山间的无量河沿岸，毛垭坝断陷盆地，海拔3900余米，形成高原顶上的冲积平原，长近百公里，宽数公里至十余公里，地势却平坦开阔，为东巴公路通过的较好地带。自义敦以西，地貌区划为三江南部深切高山峡谷区，是中外闻名的金沙江、澜沧江、怒江三大流域构成的横断山系的主体地段，地形特征为一系列南北平行的峰谷地貌。其主要表现为深切割的高山与深谷交替变化景象。深谷中以峡谷为主，山坡陡峻，水流湍急，悬岩绝壁，在义敦沟口以下数公里，就有"东巴第一岩"之称的削壁悬岩。东巴公路的各种道路病害集中在德达沟、义敦沟，施工困难，后来养护更困难。这些地区最高气温24℃～27℃，最低气温－25℃～－29℃，气候变化大，冰冻多，工地战线长，运输困难，特别是初到高原，工人们不适应高原气候，给筑路工作带来了不少困难。①

　　1952年4月左右，当时的灌茂公路工程处在成都文庙后街招工，家住福寿街的赵发荣也去报了名，当时他才18岁，不过看上去身体很结实。这次招工的规模很大，招了1000多人。5月9日，他们头戴斗笠，身披蓑衣，从成都出发，走路到郫县，当晚就住在一个豆瓣仓库里，浓浓的豆瓣味道飘散在空中，年轻人们都不知道这次去参加修路会面临什么样的考验。白天走了很远的路，大家都精疲力尽，加上离开了熟悉的城市和温馨的家庭，情绪都有些低落。第二天，筑路队伍走到灌县，受到灌县老百姓的夹道欢迎，群众唱着"嗨啦啦啦，天空出彩霞呀，地上开红花呀"的歌曲，大家精神为之一振，都觉得自己去修路是参加革命工作，是很有意义的事。他们在灌县的公园里住了三天，每天都有技术人员讲授进山和筑路的知识，接着他们就踏上了筑路、护路的历程。

　　1957年3月左右，赵发荣与一批职工被调到东巴公路建设工程。当时他们一行坐在一辆大货车的车厢里，"搬家"到东巴公路。3月正是康藏高原很冷的时候，在翻越折多山时，一个小个子的女干部被冻得昏迷过去，坐在旁边的年轻同事们都手足无措。这时老红军何开清忙把自己的军大衣脱下，裹在女同志身上并将她抱在自己怀里，用自己身体的热

2022年，赵发荣讲述修建东巴公路的故事

---

① 　四川省甘孜公路养护总段编：《甘孜州省管公路志》（1950—1992），1994年2月。

赵发荣（前排右一）与工友们在东巴公路建设间隙合影（赵发荣/供图）

量温暖着她，慢慢地，女同志终于苏醒过来了。

工人们赶到东俄洛安顿下来，等待上级分配工作。这时他们听到一个消息，说一个通信员突然去世，原因是高原反应带来的肺气肿。这位通信员本来身体很强壮，没想到走得这么突然，这让刚刚赶到东巴公路的工人们心情异常沉重。然而，工作还得继续。在工程正式动工的时候，赵发荣被分配到高尔寺山去接替吴灏，为大家烧茶水，一干就是半年。这份工作看似轻松，但在高原上烧水，就要找到柴禾，出去砍柴或是捡拾牛粪作为燃料，一点也不轻松。

东巴公路开工后，条件十分艰苦，那时还是4月份，康藏高原由于植物开始生长，要消耗更多氧气，使得高原上氧气更为稀薄，加上天气寒冷，工人们穿着单薄，经常被冻得瑟瑟发抖。有上千人因为产生了强烈的高原反应而选择退出。指挥部就派人到成都来动员群众捐赠棉衣，得到成都人民的大力支持，但因为当时大家经济都不宽裕，捐赠出来的衣服也五花八门，有国民党的旧军官服、日本旧军大衣、花棉袄……但是只要能够御寒，工人们也不嫌弃。大家穿着各式各样的服装，却为春天的高原增添了一抹亮丽的色彩。

1957年3月18日出版的《甘孜报》中的文章《高尔寺山下的人们》记述："成千的筑路工人正源源不断地来到这里，高尔寺山西麓卧龙寺附近，白色帆布帐篷布满了河沟两岸，八角楼附近几十公里地段已出现了公路雏形，雅江县大河渡口两岸，数百工人正在捶碎石、开石方、挖路基，江中已树起一个礅架。这一切景象都说明：人们盼望多年的东巴公路开工了。不久的将来，人们就可以坐上汽车平安地到达雅江和康南各地。"从这段文字中，我们可以看到东巴公路修建时的热闹景象与人民的期盼之情。在同一版报纸上，还有一则题为《州邮电局支援东巴公路新建工程　成立东巴临时流动支局》的报道，为了支援东巴公路建设，甘孜州邮电局抽调干部，成立东巴临时流动支局，开办电报、信函、发行、包裹、汇兑等业务，并于1957年3月12日到工地开展业务，还临时调派人员抢修收发报机。很多筑路工人远离家乡，家里的来信和包裹是他们心里的牵挂，他们领到工资，也会寄回家里，邮局建到了工地上，大大方便了工人的信函往来，客观上为工人们减轻了负担。

四川省交通厅一处的工人们在筑路中并不是一味地埋头苦干，而是在工作中找窍门。他们努力为国家节约成本，提出了4000多条合理化建议，在原来已经降低了40%的成本的基础上，再降低成本8%，如通过推广先进工具，使功效超过定额的50%～80%；减少和取消雨雪班，逢着大月（31天）出工28～29天；改原来的按月收方为"包工包产"与按小组收方、按季度收方，这样一来以前繁琐的程序得到简化，收方更加合理，还节约了人力；让技术人员走出办公室，来到筑路一线参加劳动；还取消了原来一些给组长和测计员的不合理津贴和福利，大大地激发了工人们的积极性。

2022年7月，笔者来到甘孜公路局大邑干休所，89岁的万国富老人

2022年，万国富老人讲述修建东巴公路的故事

讲起了他从宜西公路调往东巴公路的故事。万国富老人说，当年他到东巴路时，正赶上公路建设进入高潮的时段，沿途山岩陡峭，要在绝壁上炸出路来。万国富当时是组长，带着20个人，天不亮就出工了。万国富说，他自己的组没有发生过死人事故，原因是在大家休息时，他要去仔细检查，看有没有飞石的危险，如果有的话就提前排除隐患。但是百密仍有一疏，有一天，万国富带着工人出工，把绳子拴在腰上，挂在绝壁上打炮眼，打着打着，突然从山上滚下两块飞石，砸伤了他们。

在高原上修路，异常困难，而架设桥梁和涵洞则是难上加难，最大的问题就是抽水。修桥涵必须挖桥基，而因为高原天气的原因，当年使用抽水机非常困难，很多地方只能靠人工抽水，那时是用农村灌溉田地的"龙骨车"，两人站在"龙骨车"上面不停蹬踏，使木质叶片把水槽的水抽出来，十分费力却工效不高。1958年，毛宗伦、万执中等4人看在眼里急在心里，于是决定做一些创新。他们经过仔细观察，发现架设桥涵的地方水流较急，于是想到采用家乡水磨的原理，用水力来推动"龙骨车"抽水。办法想好之后，他们向党支部做了汇报，得到了党支部的大力支持。他们先制造了一个木转轮，连接在"龙骨车"上，但是由于连接两边的木料太大，而木转轮动力太小，距离又远，且木转轮在河中没有支撑，刚一下水，就被高原上湍急的河流冲得东倒西歪。毛宗伦、万执中等认真总结经验，采用细钢钎代替大圆木作为木转轮和"龙骨车"的连接轴，在排水沟中用一根有眼的钢钎作为木转轮的支撑，这样木转轮在水流的冲击下，带动"龙骨车"欢快地转动起来。这台"土自动抽水机"研制成功！不要小看这台"土"的自动化装置，它一昼夜时间就可以排水80立方米，相当于12个车水工一昼夜的劳动成果，关键是造价低廉，结构简单，操作方便，成为修建东巴公路时架设桥梁涵洞的"利器"。

甘孜公路人在修建和养护公路中发挥聪明才智,大搞发明创造。这是他们制作的翻斗运土车,大大提高了工效(甘孜州公路建设服务中心资料图片)

职工们制作的自动倒土车(甘孜州公路建设服务中心资料图片)　职工们制作的人力自动洒水车(甘孜州公路建设服务中心资料图片)

职工们制作的拉毛器(甘孜州公路建设服务中心资料图片)

随着东巴公路在康南山区的延长，参与修路的工人们也逐渐适应了高原的气候与繁重的劳动。甘孜州交通局二处的工人们也开动脑筋，开始了技术革新。铁工邓子清是一个喜欢钻研的人。一天，材料供应科科长何开领和他开玩笑说："老邓，现在外面很多地方都在搞自动化，我们这里却还是一根扁担挑两个撮箕，我看你爱钻研，你想点法子，使打炮眼自动化吧！"何开领还给他讲起了东北的打夯机是如何使用，希望他能借鉴。老何的这番话让邓子清很是触动。1958年7月，邓子清就开始了自己的钻研。他想了很久，工程上水平仪的三脚架给了他灵感，便设计了一个三脚架，又根据"龙骨车"和缝纫机的原理，把钢钎装在三脚架里，上面放8磅铁锤，又根据汽车齿轮的运转方式，做了齿轮安在支架上卡住钢钎，并用了根拉杆作为连接，在外面踩动踏板，铁锤就开始有节奏地击打钢钎，而钢钎也随着击打有规律地转动。"自动化打炮眼机"就做成了。后来，邓子清灵感迸发，还研制了"自动打夯机""土起重机""活轨道运输车"等工具，受到了二处党总支的鼓励，也激发了他的创造热情。

与现在"武装到牙齿"的现代化筑路机械设备相比，当年的那些"自动化"装置显得有些稚嫩，甚至有些笨拙，但是在那个年代，却是工人们智慧和心血的结晶，客观上也起到了提高劳动效率的作用，为东巴公路的建设做出了贡献。

藏族人民参与修建东巴公路（甘孜州公路建设服务中心资料图片）

各族人民支援东巴公路建设，图为牦牛运输队（甘孜州公路建设服务中心资料图片）

修建东巴公路，当地的藏汉老百姓给予了很大的支持。前述的《甘孜报》还特别提道："在东俄洛到雅江的路上，会看见千百头牦牛和骡马，正源源不断地给工地上运送粮食、工具等。从高尔寺山西麓到雅江线路近百里的河道两岸，堆着一码一码的干柴（一码约900斤到1000多斤），这是沿途各乡农民为筑路工人准备的燃料。""雅江河口乡麻子石村的多个农民带上口粮，出发到80里外的山上砍柴，仅7天工夫就砍了近3万斤干柴。公路沿线的群众，把自己家的空房打扫干净招待筑路工人居住。雅江一、二区农民选好500亩好地，准备种植蔬菜，供应筑路工人。他们提出保证工人吃好、住好，不缺柴烧。"在甘孜州档案馆，笔者查到一份《东巴公路全线通车典礼报告材料》（初稿），里面记载着这样一个情况：东巴公路的物资运输方面，除了汽车运输和自己组织的人力短途运输外，工地的物资转运，全系泸定、康定、雅江、理塘、义敦、乾宁、巴塘各县组织人力、畜力来承担，如雅江动员老乡搬运渡河物资就达260万斤。理塘的夏都泽仁听说工地工作没粮食吃了，连饭都顾不上吃，积极动员老乡支援运输，他和老乡们翻山越岭，很快把粮食运到了工地，避免了停工。理塘、巴塘还动员机关、部队、学生、居民参加筑路，他们还把柴禾、蔬菜送到工地，对筑路工人的鼓励非常大。

1958年8月，从雅安卫校分配到二处的唐思国和刘可如、卫祖鑫一起，担负起了职工医疗救护的重任。马石公路修建时，他们用牦牛驮着药品与器械，翻山越岭跟随着筑路大军的步伐。工人产生高原反应，唐思国等就要赶快救治；遇到施工中工人受伤，他们要负责包扎止血，进行简单的手术。那时，平叛斗争正在进行，不断有武装歹徒袭

唐思国讲述自己参与东巴公路修建的故事

击筑路工人，往往是解放军把歹徒歼灭或赶跑，工人们就赶紧抢修。唐思国说，那时也给他们配发了枪支，但都不会用。女同学们胆小。有一次，突然有歹徒袭击，一个女同学吓得瘫软在地。成立道班之后，唐思国等医务工作者骑着自行车，一个道班一个道班地为工人们看病。唐思国在甘孜州的多个县养路段都工作过，积累了丰富的医疗经验。他关注道班工人肺气肿、结核病的问题，还写成了论文，登载于《南充医学院院刊》《四川结核病杂志》等刊物上。后来，唐思国调到甘孜公路养护总段担任办公室副主任。

第七节

武装自卫筑路

在笔者的采访过程中，参与了东巴公路修建的老职工总会提到一件事，那就是"武装自卫筑路"。由于当时复杂的环境，筑路工程除了要与恶劣天气、自然灾害、复杂路面进行战斗外，还要随时应对武装歹徒的袭击。

在修筑宜西公路时，筑路工人们就遇到过多次袭击。武装歹徒们以阻挠施工和掠夺钱财为目的，打死打伤筑路工人。在与武装歹徒的搏斗中，筑路工人也开动脑筋，创造了不少新的战术。例如，"地道战"，就是在帐篷里挖出交通壕，一旦发现歹徒来袭，就马上撤进"地道"，拉倒帐篷，进行还击；"地雷战"就是用石头打眼，再填进炸药，埋在营地旁，武装歹徒为此也吃了大亏。1956年8月16日，在宜西公路筑路的甘孜州交通局第一施工局二中队的200多名职工，在指导员王道恒的带领下，奉命前往甘孜州修筑道孚的铁矿道路。他们步行到白岩湾时，天上下着小雨，地上泥泞难行，数十名武装歹徒站在山坡上的制高点，向筑路工人们射击，打伤12人，情况万分紧急。王指导员指挥大家隐蔽好。这时，驻扎在烂坝子乡政府的解放军部队闻讯后，立即用"八二炮"向敌阵地开炮，两发炮弹炸响之后，武装歹徒们发现有增援，不敢贸然冲下山坡拦截。这时，王道恒指导员端起一挺轻机枪，一跃而起，率领武装班向敌人猛烈射击，掩护工人们冲出包围圈，避免了更大的损失。

退休职工谢照高说，1958年父亲谢金参与修筑东巴公路，当修到义敦县海子山时，一天夜里，谢金一人住一个帐篷，夜深人静时，歹徒们竟用刀割破帐篷钻了进去，朝着谢金疯狂地砍杀。谢金的手筋被砍断，腰部骨折，但他忍住剧痛，奋起反抗，咬下了一名歹徒的一块耳朵。后来，工友们听到动静赶来，歹徒们才仓皇逃走。谢金也捡回了一条性命，又在公路上工作了28年，于1986年去世。

在东巴公路的建设中，为了防止武装歹徒骚扰，几个施工局除了安排少数脱产的武装人员，并配给枪弹外，还组织了群众性的治安保卫委员会。1958年6月下午，在东巴公路金厂沟工地上，甘孜州交通局第一施工局的二、三两个中队3个工班出工不久，突然发现距工地800米处的公路边坡上，有两三百名武装歹徒正准备冲下来，意图通过工地，前往甲洼。这时，武装歹徒也发现了工人们。在这紧急关头，工人们沉着应对，全部躲进公路的桥涵和边沟。并采用了"疑兵计"，将仅有的七八支步枪和大小的钢钎都对准对方，因为距离较远，对方也摸不准这边到底有多少人和枪。工人们边鸣枪边喊话："缴枪不杀！"武装歹徒一下就懵了，开始犹豫不决，并3次派了9人下来侦察，只不过都被筑路工人们识破，被活捉后捆绑后关进桥涵洞里。双方对峙了一个多小时，尾随追击武装歹徒的解放军用汽车调运部队，迅速赶到。战斗打响，工人们和解放军上下夹攻，打得武装歹徒四处逃窜。最后，除了约100名歹徒逃往义敦外，工人和解放军取得了辉煌的战果：俘敌100名，并在草丛中、石罅间缴获被武装歹徒抢劫的银元、布匹、酥油茶等物品，缴获战马30余匹，我方无一人伤亡。部队领导十分赞赏工人们的机智勇敢，除了通报表扬外，还送给中队10匹战马，以增强筑路工地的运输能力。

万国富说，他在东巴公路筑路时，成为基干民兵，1960年在被评为全国劳模到北京开会时，还参加了全国民兵工作会。当时正值国庆阅兵，他看到了400名民兵威武地从天安门广场前走过。会议安排他们参观了颐和园、故宫、农展馆、长城等很多地方，部队还奖励他一支56式半自动步枪，回到康定后，军分区给他配发了50发子弹。在道班养护公路的过程中，他们除了用枪防止有人搞破坏外，有时也打一些野鸡、野兔改善一下生活。进入21世纪，在国家的政策要求下，万国富把枪上交了。笔者问他，这枪背了这么多年，交枪时有没有舍不得。当时已经身患严重肺部疾病的万国富说："要遵照国家的要求啊。这杆枪在手里就是责任，我当时退休了，也没地方用得着。"

东巴公路东俄洛至理塘段通车典礼（甘孜州公路建设服务中心资料图片）

在近70年悠悠岁月里，川藏线的修筑仅仅是其中不太长的一时，而更多的时间被用于公路的养护。如果没有日复一日、年复一年的精心养护，公路无法通行。负责甘孜国道、省道建设和养护的甘孜州公路建设服务中心，也经历了岁月的沧桑，从雅甘工程处开始，经过了康定国道管理局、甘孜公路养护总段、甘孜州公路管理局等多次机构和名称的嬗变，经历了多少困难和艰险，也涌现出很多为甘孜公路事业竭尽心力、关爱养路工人的领导者，他们也受到了大家的尊敬和爱戴……

第三章

天路沧桑

天路见证

川藏线甘孜段通车后的初期养护

　　早在民国时期，公路养护就开始进行。民国十六年（1927年）冬，四川嘉渠马路总局将南充、岳池马路局改为护路工程处，这是四川最早的公路养护机构。民国十七年（1928年），川南马路局在双流、邛崃、眉山分设管理所，"专司护路"。所需路工，初为雇工，后为包工，每华里月给大洋1.2元。民国二十四年（1935年），四川省公路局成立，下设养路段和养路区工程处。民国二十四年（1935年）9月，国民政府行营颁布《四川公路局养路工程处组织及办事细则》，公路养护机构和制度逐步健全。当时养护里程约1000公里，主要为成渝两地附近的公路，共设置道班、飞班（笔者注：机动班）38个，人数1200名。民国二十七年（1935年）11月，管养路线增加到4300余公里，于全省设养路区13个。民国二十七年（1938年），国民政府迁入四川，重庆成为陪都，为维持陆路通道，公路养护为当局所重视，在体制上有大的变革，由中央交通部接管川康两省大部分重要干线公路，直接管理。民国三十五年（1946年）3月，由中央交通部设置第五区公路管理局接管川康、川陕、川湘等公路，管养在川国道8条，长2632公里，再加上四川、西康两省重要干线公路，共管养4000余公里，仅能"力保重点"，次要路线无力顾及。川康、康滇两路及汉渝路达县以上，基本上听之任之，康青公路虽委托西

康定国道管理局代表队参加全国公路职工文艺汇演（甘孜州公路建设服务中心资料图片）

康代管，实同弃养。[1]

　　1952年1月1日，康定国道管理局正式成立，西康省交通厅副厅长傅奔涛兼任局长，陈德明、刘海通为副局长，直属西南军政委员会交通部领导，全称为西南军政委员会交通部康定国道管理局（以下简称国道管理局），养护川康、康青公路雅安金鸡关至海子山722公里路线，辖天全、新沟、泸定、新都、道孚、炉霍、甘孜7个养护段，飞仙关、泸定2个养桥所，康定材料库，成都采购站，雅安、康定、甘孜3个交通管理站。1953年刘海通任总工程师。1952年3月21日，西南军政委员会交通部颁发的《1952年西南区养路工作的方针和任务》文件中确认："国道为全国性路线，在国防、经济上具有特殊任务，必须加强修养，逐步地提高等级，应设立专业机构管理。现决定先在入藏道路上的川康路、康青

----

① 四川省地方志编纂委员会编著：《四川省志·交通志》，四川科学技术出版社，1995年。

路（金鸡关至马尼干戈段）成立康定国道管理局，下设工务、计划、财务、材料、人事等5科及办公室，沿线设7个养护段。每养护段管辖约100公里。养护段下应设工区。泸定、飞仙关设立养桥所。养路方法以道班为主。该局与养护段兼受当地人民政府领导……"

应该说从康定国道管理局正式成立开始，甘孜州的国道养护被提到议事日程，并取得了明显的成绩。在甘孜州档案馆，笔者查阅到一份康定国道管理局副局长刘海通1952年工作的总结和1953年的任务的文件。刘海通在文件中总结道："1952年，康定国道管理局成立后，工作的开展取得了一定的成绩。首先，在722公里绵长的公路线上，平均每天出工530名（包括各种技工、普通工，不包括道工）；在康定的汽车保养厂建设顺利，建成后可以为"关外"的汽车修理节约很多油料和费用；改建工程方面，新建了11栋道班房，改善道班工人的住宿问题，全面消灭了职工夜宿帐篷的现象；完成泥结碎石路面铺筑工程15628米；新建了135米的"解放桥"一座；还有路面碎石备料、公路大中小修的工程；等等。养路方面，除了因水毁和坍方阻路23天外，其余时间保证了全线畅通。"

康定国道管理局举行第一届运动会（甘孜州公路建设服务中心资料图片）

1952年，康定国道管理局加强了财务管理，使1951年度的民工尾款得以结清。因为当时参加工程的民工情况比较复杂，康定国道管理局专门安排了3位同志，不辞辛劳，跋涉了康藏公路甘孜段全程，了解清楚具体情况，从而顺利结清尾款。

康定国道管理局的建立，使国道的养护走上了正规化道路。一些后来被长期沿用的制度和好的做法，也在当时成型，如道工轮训制度的建立，使道班工人在思想上、业务水平上得到初步的提高。1952年9月下旬，在康定组建了第一个道工轮训班，一共办了两期，前后有169人受训。由于新中国成立初期道班工人来源复杂，文盲、半文盲不少，通过轮训，一字不识到能识100字以下的占37%，能识100字到500字的占38%，能识500字到1000字的占15%，能识1000字到2000字的占10%。但在当时，这两期道工轮训重点放在了政治和文化学习上，对公路业务的学习还重视不够，且没有联系实际来进行培训。

在1952年的道路养护工作中，道班工作的养路负责制、统筹管理制度、轮换班制度、奖惩制度、统计制度、总结制度等也都在那时逐渐形成。如在以前的冬季保畅通时，二郎山的扫雪队有100人，折多山有160人，在道路急弯或陡坡处，载重汽车就会打滑，于是众多的扫雪队员就变成推车队员，造成了人力浪费。二郎山道班的工人通过总结经验，减少了扫雪队员，在急弯或陡坡处搭建防雪棚，事先准备粗砂、碎石，放置在防雪棚内外侧，用谷草、篾席遮盖，以备随时铺筑，经过两年的实践，效果非常好。后来，二郎山和折多山的扫雪队员都减到15人，节省了大量的人力财力。那时形成的经验，一直被沿用下来。

工欲善其事，必先利其器。在抢修坍方、水毁的路段时，道班工人们发挥聪明才智，对养路工具进行了改进，如当时属康定国道管理局管辖的天全养护段第四道班班长姜中国与工友邓从华、铁工李文清、黄正安、王万辉，木工文汝林共同钻研改进板车的刹车方式，大大减少了板车的事故尤其是伤亡事故。另外蒋维新、李贺富提出了改进板车车厢长宽的办法，使板车操控不用增加人力，但更好操作，且工效提升了66%。道班工人关清泉通过自己的观察和钻研，把重两斤半的板锄，改成了只有一二斤重的桃形锄，不但有利于清除淤塞的小涵洞、边沟淤泥、泥夹小石坍方等，用起来也更加轻便趁手，而且还能为国家节约用铁。飞仙关养桥所技工李雪发，刻苦钻研冷钻工具，采用冷钻方式修理道路上的钢桁桥，克服了没有电焊的困难。

甘孜州交通局时期，机关干部职工在街头宣传（甘孜州公路建设服务中心资料图片）

康定国道管理局开启了甘孜州公路养护的新阶段，首先是基本实现了定员定岗。据康定国道管理局职工分类统计表的统计，1952年，下设8个养护段，全局共有职工1375人，其中干部196人，工人1179人，工人中养路道工便有1107人。这个统计未包括扫雪工310人、临时工962人、民工336人，如果都计算在内，工人的数量就达到2787人。

1955年9月，第一届全国人民代表大会第二次会议决议撤销西康省，原西康省所属区分别并入四川省和西藏自治区筹备委员会（今西藏自治区），金沙江以东并入四川省，金沙江以西的昌都并入西藏。1957年5月1日，就在东巴公路开建后，康定国道管理局改为四川省交通厅公路局康定养路总段。总段长为孙仁洲，副总段长为金来临（1958年6月调至四川省交通厅公路局），党委副书记刘芳凯。撤销了新沟和炉霍养路段，同年12

月撤销了新路海养路段，成立昌都养路段，接管了江达养路段。同时东巴公路东雅段70公里，划归新都段管养。原康定国道管理局局长磨力调至西藏工作，副局长陈德明、总工程师刘海通、政治办公室主任高玉贵等多名干部调到四川省交通厅分配工作。康定养路总段的职工人数达到1883人，其中管理人员224人，勤杂工69人，养路工1317人，工程队人员273人。

为了加速改变甘孜州落后的交通面貌，1958年后，在州内进行了大规模的公路建设，以川藏线为主干，形成连接西藏、青海、云南、阿坝等地，并逐步实现州内县县通公路的公路交通网络。为了加强施工和养护管理，四川省交通厅公路局康定养路总段成立刚一年时间，1958年6月就被撤销。其职能由甘孜州交通局行使。除了原有的养路段外，增加了第一、第二工程处，随着新建公路的增加，养路段也随之增加和调整。

当时的甘孜州交通局以原康定养路总段为基础，由原康定养路总段、甘孜州人委交通科、四川省公路局第一工程处、原雅安运输公司康定中心站、原汽车18队等5个单位联合组成。甘孜州人委（59）人干字第26号令："任命孙仁洲为州交通局局长，李维章为第一副局长，刘芳凯为副局长兼第二工程处处长，聂秉忠为副局长，韩廷虎为副局长兼第一工程处处长。"甘孜州人委（60）人干字51号令："任命王若汉为副局长。"历任党委书记李维章、任杰。1958年1月原甘孜州交通局所辖公路系统的单位有：天全、泸定、新都、道孚、甘孜、江达、昌都等7个养路段，第一工程处，桥工队，测量队。

这一时期，除了建设川藏公路南线（东巴公路）之外，四川省交通厅公路局康定养路总段、甘孜州交通局修建的公路还有八丹路，即起于原乾宁县八美区（今道孚八美镇，海拔3441米）川藏线康马段137公里接线至丹巴县（海拔1886米），长83.15公里。八丹路按六级国道标准建设，由甘孜州交通局组建的第二工程处承建，于1958年9月13日开始施工，1959年5月23日全线通车。在施工中，乾宁、丹巴两个县的老百姓都给予了支援。

改建马石公路也是当时的重要工程之一。马石公路是四川、青海两省沟通交通的重要干线，自马尼干戈至四川省、青海省交界的安卜拉山，全长290.4公里，沿线平均海拔4250米，通过石渠大草原。1943年，民国政府交通部设置甘（孜）玉（树）段工程处主持修筑，由国民党西康省政府征集道孚、甘孜、炉霍、德格、邓柯、丹巴、康定、九龙等县民工8000人施工，1944年3月打通。全线无路面，所有桥、涵均为木台木面临时式桥，"试车"一次后即不能通车。改建马石公路系1959年四川省重点建设项目。担负施工的有四川省交通厅第一工程处、原甘孜州交通局第二工程处、成都军区所属军工筑路支队。开工初，由有关单位抽调干部在马尼干戈组织了马石公路筑路指挥部，由甘孜州委书记、州长、军分区司令员沙纳（藏族）兼任指挥长，邱先忠、刀登（藏族）、王永华、张振德、刘方凯兼任副指挥长，指挥全线施工工作。指挥部设在马尼干戈。1959年5月动工改建，于10月1日竣工。从此，青海省东南与四川省西北高原交通闭塞的问题得到解决。马石公路的改建通车，对支援康区民主改革，平息叛乱，推动牧区的经济、文化教育事业发展，改善草原牧民生活，具有重要作用。

　　1959年4月开建的理乡公路，起点为理塘县城经乡城到云南中甸，全长287公里，称为理乡中路。理乡公路是连接四川和云南的重要干线公路，对促进甘孜州南部地区的农林牧经济发展，改善各民族人民生活，促进民族团结，具有重要的作用。理乡公路一直到1962年才完工。

　　在20世纪50年代末和60年代初，甘孜州还修建了炉霍经翁达至色达县城的炉色公路，全长153公里；翁达至阿坝壤塘县两河口的翁两路，全长39公里，成为贯通甘孜、阿坝两州的交通干线；从泸定甘谷地至煤炭厂全长41公里的炉矿公路；康定县瓦斯沟口至丹巴县的长25公里多的瓦丹公路和34公里的丹巴矿区公路；甘孜到新龙县的甘新公路，原计划全长为97公里，但在完成了42公里的里程后，奉命停建；雅江至道孚的雅道公路，于1962年4月5日全面开工，但到了8月却停建。

　　这励精图治的几年时间里，甘孜州共完成新改建公路7条（包括泸矿路、桑稻支线），共计1215公里（其中干线5条1147公里）。甘孜州地区的公路达到18条，通公路16个县，甘孜州公路总里程达到2268公里（其中省管公路2037公里），公路里程净增1319公里，平均每年新增317公里。有了这些公路，甘孜州的交通运输发生了翻天覆地的变化。

沿用了30多年的"甘孜公路养护总段"

1962年9月1日,四川省甘孜公路养护总段成立,这一名称一直持续使用到了1999年。这30多年,是甘孜公路建设的重要阶段,奠定了甘孜州公路养护事业的基础,并使之逐步实现转型和发展。这次从甘孜州交通局向四川省甘孜公路养护总段转制的过程中,还有一段较为曲折的经历。

1962年6月15日,中共中央、国务院颁发了《加强公路养护和管理工作的指示》,重申公路养护和管理贯彻"统一领导、分级管理"的原则,并明确规定:"干线公路由省、市、自治区设置专门机构(公路局、养护总段、养路段)直接管理。"一个月后的7月14日,中共四川省委、四川省人委(即四川省人民政府)发出《贯彻执行中共中央、国务院〈加强公路养护和管理工作的指示〉的决定》,从7月1日起,干线公路收回省管,恢复以省为主的省、专双重领导,专区养护总段改称省养护总段,隶属公路局领导。四川省公路局1962年7月12日发出通知:"决定全省按专、州行政划分成立甘孜等15个养护总段……总段名称以所在地区的专、州的地名命名。总段印章由公路局制发,全衔为'四川省××公路养护总段',新印章自7月10日起启用……"四川省交通厅1962年8月"任命韩廷虎、王若汉为四川省甘孜公路养护总段副总段长"。按照上述文件精神,甘孜州应在当年7月1日起成立四川省甘孜公路养护总段，但当时因为精减职工工作任务繁重，未能按省上的要求在1962年7月1日成立甘孜公路养护总段。原甘孜州交通局1962年8月25日上报甘孜州人委，请求延迟成立时间，甘孜州人委于1962年8月30日批复："同意9月1日正式成立四川省甘孜公路养护总段……"

甘孜州人委于1962年9月12日下发了《关于州级行政组织机构调整的通知》，决定"撤销甘孜州交通局，其汽车运输工作归由康定汽车运输分公司和雅安运输公司办理，公路养护工作归由甘孜公路养护总段办理；统属省交通厅直属单位，各县的汽车运输、养路段分别直属康定运输分公司、养路总段领导和管理；州内群众运输和地方道路工作由州工业交通局办理……"据此，四川省甘孜公路养护总段于1962年9月1日成立，原甘孜州交通局于9月12日撤销。1962年9月，养护总段下辖泸定、新都桥、道孚、炉霍、甘孜、马尼干戈、理塘、乡城8个养路段，1个工程队。其中，马尼干戈养路段于1966年10月迁往石渠，改称石渠养路段；新都桥养路段于1969年改称康定养路段，1983年又恢复叫新都桥养路段。

20世纪60年代的道孚养路段。那时的养路段还自建了炼硝厂、铁器厂、木器厂、小型车辆制造厂（甘孜州公路建设服务中心资料图片）

四川省甘孜公路养护总段这一名称，是川藏线开始修建以来，延续时间最长的甘孜公路养护机构的名称，其中的管理体制、领导班子和组织机构变化很大，职工的调动也非常频繁。为了记住当年胼手胝足的奋斗历程，我们将各个历史时期的领导班子名单进行了整理。当年，正是在一届又一届领导班子的带领下，甘孜公路人发扬"两路"精神，在雪域高原干出了感天动地的业绩，每个历史阶段发生的动人故事，都让人赞叹，让人感慨。

1962—1965年，党委书记为孙仁洲（1962年12月调内江），副书记王运绪、韩廷虎、王若汉（藏族）为副总段长，黄世依为主任工程师。

1965—1966年，党委书记为王祥珠，副总段长惠建昌、王若汉（藏族），政治处主任牛在田。

1967—1968年期间，因"文革"原因，领导班子工作陷于停滞。

1969—1972年，由于这一阶段的特殊性，总段成立了革委会，主任为李斌（前期）、刘金童（后期），副主任王祥珠、惠建昌、韩廷虎、王若汉（藏族）、廖代芬（女、群众组织代表）、熊楚衡（群众组织代表）。

1973—1979年，党委书记为王祥珠，副书记韩廷虎、惠建昌、王运绪，革委会副主任解子安、王运绪、王若汉（藏族），政治处主任吴荣山。

1979—1983年，解子安为党委书记兼总段长及纪委书记，吴荣山、马小生为副书记，惠建昌、王若汉（藏族）、高天贵为副总段长，韩廷虎为顾问，马小生兼任政治处主任。

1983—1990年，王若汉（藏族）为党委书记，马小生继任党委副书记，王培君为党委副书记。张邦尧为总段长，李万蓉（女）、地本（藏族）为副总段长，高天贵为工会主席。

1990年11月—1999年2月，地本（藏族）为党委书记，多吉泽仁（藏族）为党委副书记兼纪委书记，总段长张邦尧，副总段长李万蓉（女）、魏崇岚、杨永康（藏族），政治处主任冯柏青。

到1992年，甘孜公路养护总段逐步发展为下辖9个养路段，道班189

个，还有工程队、机具管理站、职工学校、综合服务公司的大型事业单位。实有职工2662人，其中，女职工823人，占30.9%；少数民族职工324人，占12.2%；干部267人（包括招聘干部105人），占职工总数的10%；工人2395人，占职工总数的90%（其中养路工1922人，占工人总数的80.3%）。

甘孜公路养护总段正式成立后，立即健全组织机构，调整安排人员，充实道班。从1963年起，几届领导班子不断接力，贯彻了从"切实整顿，加强养护，积极恢复，逐步改善""以养好路面为中心，加强全面养护""全面养护，加强管理，统一规划，积极改善"，到中央"全面规划，加强养护，积极改善，重点发展，科学管理，保证畅通"等一系列养路方针，大力改善公路技术状况，逐步实现了大、中、小桥永久化，改善了大量急弯、陡坡、路窄、视距不良及极不合理的线路地段，1992年各线行车时速比1963年平均提高二倍以上。

甘孜公路养护总段成立时的养护里程（管辖里程）为1931.04公里。20世纪90年代初，养护里程为2156公里，到21世纪初，养护里程为2162.9公里。从20世纪70年代起，公路系统开始使用好路率作为评判公路养护质量的标准。资料显示，从20世纪90年代初到90年代末，甘孜公路养护总段的养护路段在经历多次地质灾害的情况下，好路率都保持在70%左右。这说明养路职工们在公路养护上投入了巨大的人力和物力。

原国道管理局、康定养路总段、甘孜州养路总段住房（甘孜州公路建设服务中心资料图片）

炉霍地震时遭受严重破坏的养路段段部

炉霍地震时遭受严重破坏的道路

炉霍地震后，部队官兵帮助炉霍养路段恢复生产重建家园（本页图片均
为甘孜州公路建设服务中心资料图片）

1973年，炉霍发生7.9级大地震，那次地震对城镇和公路的影响都很大，死了不少人。为了各地的救灾队伍能顺利进入灾区，甘孜公路养路总段组织道班养路工人在路旁搭起帐篷，昼夜不停地抢修道路，圆满完成了上级交予的救灾任务。

第三节

从土司到总段领导的故事

2022年6月，笔者来到成都西门的一个小区，采访曾担任甘孜公路养护总段党委书记、副总段长的王若汉。在此前，就有好多位老职工提到他，说王若汉在新中国成立前就是丹巴县巴旺末代土司，后来参加了人民解放军，成为藏民团的副团长，之后又是康定国道管理局、甘孜州交通局的副局长，甘孜公路养护总段党委书记、副总段长。他的后半生和甘孜公路结缘，并为之奋斗，一直到1991年才退休。王若汉的故事就是一段动人的传奇。

87岁的王若汉老人面容清癯，安静地坐在沙发上，儿子王俊大声地在他耳边告诉他笔者的来意。然而，因为年迈，即使戴着助听器，王若汉的听力也非常差，口头表述也成问题。笔者只好在他的儿子王

王若汉（左）与儿子王俊在家里

俊、女儿王英的讲述下，结合过去的一些资料，尽量还原他从土司到公路人的传奇一生。

新中国成立前，王若汉是丹巴县巴旺末代土司，藏名古松交。他1934年出生于巴底土司世家。其父贡嘎汪绪（汉名王寿康）系巴底第十代土司；其母尤真，系巴底邛山牧民之女。王若汉既有贵族的血脉，又有农奴的血脉。他还不到3岁时，父母就先后离世，被外公加鲁扎西和叔叔王寿昌抚养成人，1948年10月，15岁的他成为巴旺宣慰司。

1950年11月，随着西康省的解放，王若汉和丹巴县的其他爱国上层人士一起，被选为人民代表，去康定参加第一届各族各界人民代表大会。西康区党委藏族自治区主席、西南军政委员会委员天宝和军官会负责人沙纳两位领导到丹巴县人民代表住地看望大家，了解上层人士的思想情况。王若汉听说天宝、沙纳都是马尔康人，同饮大金川河水长大，说的也是嘉绒藏族家乡话，感到特别亲切。天宝见王若汉只有17岁，是娃娃土司，且当土司才两年时间，于是就动员王若汉去参军。王若汉在会议期间听了解放军英模报告，在康定大街上看见过人民解放军雄赳赳、气昂昂的英姿，心里非常羡慕，于是就去商店买了浅绿色的布料，在裁缝店做成一套制服穿上，感到十分荣耀。大会闭幕时，天宝在会上透露，将筹建一支少数民族部队。王若汉回到丹巴不久，康定军分区就派张普清到丹巴，与丹巴军代表康慎一起，筹建丹巴警卫连。王若汉听到消息后，就主动跑到康慎家里，要求参军。康慎与张普清商量之后，认为王若汉年轻、担任土司时间短、思想单纯，符合参军条件，于是就同意了王若汉的参军请求。从此，王若汉从一名土司变成了人民解放军的一员。他穿上军装，回到乡上时，有人说他放着现成的土司不当，还去当兵扛枪，简直是个疯子、傻子。当时的王若汉，并没有意识到自己的行为是与土司阶级决裂，是政治觉悟的体现，而是觉得自己年轻，不喜欢土司的枯燥生活，参军很刺激也很光荣。王若汉参军后，把巴旺土司官寨的4名随员、4支步枪、8匹骡马都一起带到了藏民连。4名随员也参了军，枪支和骡马都交给了公家。他还利用春节期间巴底齐鲁喇嘛寺跳神集会的机会，以自己既是土司又是解放军的身份，动员当地藏族青年参军。这次动员很有效，一下就有70名藏族青年报名参军。1951年3月，由张普清担任指导员，李小柱、王若汉任正副连长的丹巴藏族警卫连建立起来了。后来，要求参军的藏族青年越来越多，康定军分区决定在丹巴再建一个连，并把两个连队扩编为丹巴警卫营。与此同时，康定警卫营、道孚警卫连、炉霍警卫连、雅江警卫连、甘孜警卫连相继建立。1951年7月，康定军分区奉西康军区命令，将上述营、连分队编为团队，命名为"中国人民解放军基干第六团"（简称为"藏民一团"），1951年8月1日，在康定举行了隆重的建团大会。藏族红军老战士沙纳被任命为藏民团首任团长，王质轩为政委，郭全政为参谋长，藏族干部曾却扎为副参谋长。建团后，军分区组织藏民团干部战士到康定和泸定驻防的解放军团队参观学习。9月初，团部率康定警卫营驻防道孚县，丹巴警卫营被编为二营，仍调回丹巴驻防。张普清晋升营教导员，军分区参谋张显华任营长，王若汉任副营长。1953年，丹巴藏民二营调防道孚，王若汉调任藏民团通讯处长。1954年，王若汉担任二营营长。1955年，王若汉升任藏民团副团长。王若汉自己连做梦也没想到，共产党、解放军对土司出身的藏族青年，如此器重，如此关怀，便暗自下定决心，一定要加倍努力工作来报答共产党、人民解放军对自己的信任和培养。他处处为人表率，身先士卒，吃苦在前，享受在后。

藏民团领导们合影。左一为王若汉，左二为沙纳团长，右一为政委王质轩，右二为副参谋长曾却扎（王若汉/供图）

王若汉参军后，巴旺土司官寨的房屋、财物和粮食，都由他的管家看管。1955年，管家派人到道孚驻地来看望王若汉，请求王若汉回丹巴处理房屋财产。王若汉当即向来者表示：巴旺官寨的房屋、财产和粮食都是当地人民的血汗，把土地、房屋和一切财产交给县人民政府处理，把粮食分送给参军的困难户，让参军战士在部队安心服役。王若汉是丹巴四大土司中第一个把官寨、财产、枪支交给人民政府的。1954年，王若汉光荣地加入了中国共产党。在1957年至1959年的平叛斗争中，藏民团始终是主力部队。年轻的副团长王若汉处处身先士卒，严格要求自己，与汉族干部和睦相处，受到全团官兵的一致好评。1958年11月，在组织的关心下，比王若汉小5岁的成都女青年张琳和王若汉结为伉俪。

王若汉与爱人张琳的结婚照（王若汉/供图）

1960年11月，王若汉调至甘孜州交通局任党委委员、副局长，这是他第一次和交通结缘。1962年9月，甘孜公路养护总段成立，王若汉担任党委委员、副总段长，从此他把后半生的精力都投入到甘孜州的公路养护事业中。在"文革"期间，王若汉被安排到养路总段勤杂班进行"劳动改造"。直到1973年10月，他在总段党委第二次党员代表大会上，重新当选为党委委员。

1983年12月，他被四川省公路局党委任命为总段的党委书记。20世纪80年代，王若汉好像憋着一股劲，要把以前失去的时光都追回来，他经常往各县的养路段和道班跑，详细了解基层的情况，关心养路工人的工作和生活，一去就是很多天。在雅江大桥的抢修工程中，王若汉还亲自担任指挥长，和时任总段长的张邦尧等到现场指挥，保证了工程顺利完工。在1988年的一份总结报告中，我们可以看到，王若汉带领总段党委一班人所做的工作。他们以改革统揽全局，推行行政首长负责制。

他们充分发挥职代会的作用，狠抓机关作风转变，面向基层，为生产服务。党政领导组成工作组，四次下基层，现场办公，解决生产、工作中的问题，如丹巴水毁，工程队、甘孜段等在生产中出现的问题；实行了内部职工承包工程的尝试，初步理顺了党政工的关系；调整了各级领导班子，并开展"四职教育"（笔者注：职业道德、职业责任、职业纪律和职业技能的教育）培养"四有新人"（笔者注：有理想、有道德、有文化、有纪律的新人），开展学习"雀儿山道班"和"同乐道班"精神，提高职工思想觉悟。就在当年，理塘遇到干旱，理塘段的工人们挑水抗旱补坑凼，每天要干10个小时以上，后来又冒雨加铺路面，提高好路率。当时正是虫草旺盛生长的季节，虫草价格上涨，但工人们却不为所动，没有人耽误工作去采虫草。王若汉评价道：我们这支队伍最听党的话，大家都是热爱公路事业的好工人，大家的心如白璧无瑕，连黄金也买不到。

1988年，甘孜州军分区为王若汉平反并落实政策。当接过军分区干部科长手里的平反通知时，王若汉潸然泪下。1991年，王若汉从甘孜公路养护总段退休，到成都居住。王若汉有一子两女，都非常孝顺。在家庭的祥和气氛中，岁月的书页渐渐变黄，只有偶然翻开，以前的土司生活、戎马生涯、公路养护的一段段经历，才会浮现眼前……[1]

---

[1]　赵宏著：《康区土司》，中国文化出版社，2011年。

第三章　天路沧桑

天路见证

93

他们打下甘孜公路坚实"家底"

从1990年11月—1999年5月，以地本（藏族）为党委书记，多吉泽仁（藏族）为党委副书记兼纪委书记，张邦尧为总段长，李万蓉（女）、魏崇岚、杨永康（藏族）为副总段长，冯柏青为政治处主任的这一届领导班子走马上任。

虽然经过了将近30年的发展，但当时的甘孜公路养护总段还处于艰难发展的阶段。那时，各个道班没有像样的机械，连二郎山、折多山、雀儿山等重要的路段，大型机械也很少，只有一些老旧的推土机充当推雪机使用，工程车辆也非常少。1982年，原甘孜州交通局移交给养护总段的有中吉普车1辆，小吉普车2辆，小道奇、吉斯车各1辆，推土机4台，扫雪机2台，抽水机4台，后从运输收回原投入营运的吉斯车3辆。到1990年地本任党委书记这届班子时，全总段的机械数量和种类都有了很大提升。那时有大货车32辆，大洒水车2辆，沥青车3辆，小货车19辆，运料车118辆，装载机6辆，推土机24辆，压路机14辆，发电机组15台。

新中国成立前，地本原来在得荣县白松乡当跟差，过着卑微的生活。20世纪50年代初西康民主改革开始后，地本到康定就读于甘孜州民族干部学校，后来分到康定国道管理局，再调到藏民团。1983年，地本调到甘孜公路养护总段，担任副总段长。从军的经历使他有着雷厉风行的个性。很多职工都说，地本为人直率，有问题从不藏着掖着，只要是谁有不对的地方，就当面指出，帮助对方改正，所以深得职工的喜爱。地本有着过人的记忆力，当时的总段有2000多人，他竟能说出自己见过的所有人的名字，清楚这个人什么时候参加工作、什么时候转干等，这让许多人都很惊异。实际上，这是他作为领导，对每一个职工都抱着一腔关爱之情，对职工的工作、生活也十分关心的表现。就任党委书记后，地本就和班子成员一起商量，转变观念，要求全段职工不能停留在过去的成绩上"吃老本"。他们进行干部考察，对基层的养路段班子的懒散问题进行了整顿，调整了一些班子，增强了大家的责任心。另外，他们还从改善工作、生活条件开始，让职工们降低劳动强度，提高劳动效率，生活上过得更好。

地本是少数民族干部，他经常利用到省上开会的机会，向四川省交通厅、四川省公路局的领导反映甘孜国道养护的具体情况，讲述职工们所要面对的恶劣的自然条件，讲述他们在二郎山、折多山、雀儿山、海子山等重要路段的艰苦付出，讲述其中涌现出的陈德华等人的英雄事迹，争取领导对高原地区公路事业的支持。地本的努力没有白费，省上也在综合考虑之下，向甘孜公路"大开绿灯"，在1992年，仅装载机就新增了4台，大大提高了工作效率，同时也淘汰了一些老旧设备。在地本任总段主要领导的十年中，总段的机械保有量大大增加。1990年，甘孜公路养护总段始建路政大队，后来成立甘孜公路养护总段路政管理大队，1999年改称甘孜州路政管理大队。1992年，总段还配置了20台路政车辆。

地本的儿子是现任康定公路分局局长扎西邓珠，1974年出生。扎西邓珠还在读初中时，地本就带着他到桑堆道班和工人们一起吃盅盅饭，每顿只有两个素菜。扎西邓珠快初中毕业时，地本就让他到康定的菜园子道班，参与挖沟。那时每个养路工要挖两公里，扎西邓珠年纪太小，根本就完不成。但是，可以看出，地本就是用这样的方式，让自己的孩子从小就受到历练，明白公路养护的艰难。

扎西邓珠在1992年参加工作，被分在工程队，地本却告诉工程队长，让他每天劈柴，师父教他怎么把柴禾劈成固定的长短。每天劈柴让扎西邓珠很是恼火，一开始，他想不明白，为什么别人参加工作后可以干工程队的事情，自己却不断重复劈柴。后来，扎西邓珠才明白父亲的一番苦心，实际上是用这样不断重复的枯燥的事情，磨一磨他的性子，让他不能因为是领导干部的后代就产生浮躁心理。这样的磨练对扎西邓珠的影响是巨大的。在后来的工作中，他能吃得苦，不推卸责任，遇到危险敢于冲在前，也许都和这样的历练有关。此后扎西邓珠就在八美当了修理工，后来又调到了机具站，参加了四川省交通厅举办的中专班。回来后，他在总段的人事科干了几年，之后任办公室副主任，后调甘孜公路分局当局长，2009年到九龙公路分局当局长，再调回康定分局任局长。

父亲地本对扎西邓珠的影响很大。地本看似严厉的家教，让扎西邓珠从小便在心里播下了公路人甘当路石、默默奉献的种子。刚参加工作时，有一次他和道孚的副段长刘成文到一个道班去，其中的一个老工人的形象让他很是心酸。那个工人10多岁离开老家到甘孜，一辈子赚的钱都寄回老家给妻儿，根本不考虑自己的生活，穿得破破烂烂。刘成文向他提出，可以把他调到离城镇近些的道班，老工人却不干，因为他已经习惯了现在的道班。扎西邓珠还说起父亲给他讲过的一件事。有一年，地本和政治处主任冯柏青一起去雅安开会，雅安的派出所打听到他们是甘孜公路系统的，就告诉他们，在雅安发现了一个"流浪者"，身上却带着新都桥道班的工作证。他们前去了解，原来确实是新都桥的老工人，自己的钱都给了妻儿，退休返回老家后，和妻子、孩子感情很疏远，完全不适应内地的生活，想回新都桥，但身上没钱了，只好一步步地走回来。这些一线道班老工人的生活，让当时的地本深受触动。所以，他每年都要在冬季最困难的时候，亲自带队，对坚守岗位的职工进行慰问。

地本于2018年去世。扎西邓珠回忆起父亲对自己的家教，充满了感激之情，其中也有忠孝两难全的一些愧疚。2018年9月，扎西邓珠接到母亲的电话，从不轻易发脾气的母亲破天荒地在电话里用严厉的语气责备他，因为父亲地本已经住进医院重症监护室一段时间了，扎西邓珠却因为工程项目的实施推进工作一拖再拖，迟迟没能动身前去看望病重的父亲。10月8日，全州应对"十一"黄金周雨雪灾害总结表扬大会在康定召开，扎西邓珠被评选为全州先进个人。可是，扎西邓珠缺席了大会。因为就在这天凌晨，他的父亲因病医治无效，与世长辞。父亲也给扎西邓珠留下了许多难以言喻的遗憾。为了工作，他没有尽到照顾病重父亲的责任，在父亲弥留之际也没能尽孝，甚至没有见到父亲最后一面，让他万分痛心。每每想起父亲对自己的教导和期许，这个从不轻易流露情感的康巴汉子总会独自一人黯然神伤，泪如雨下。[①]

很多老职工都说，川藏线上甘孜公路人的故事，每个职工都可以讲三天三夜。那些在最艰苦的地方不断奋斗的养路人的事迹令人感动，在他们背后，还有一大批默默奉献的坚强后盾，有了这样的支撑和保障，一线的职工才干得更放心、更舒心。在成都南门，我们见到了前副总段长杨永康和前政治部主任冯柏青。两位老人说起往事，仿佛又回到过去那些艰难困苦然而又激情燃烧的岁月。

杨永康是1990年进入总段领导班子任副总段长的。他1942年出生，康定人，高考时考上了康定的专科学校，后来遇到调整，撤销了大专，只按中专待遇分配工作。1961年，他到甘孜州交通局二处甘新路指挥部当实习生，主要从事文书统计，干了一年多，就调到雅道路。那时条件很艰苦，工资只有40来元，职工常常只能吃上豌豆和青稞，不少人辞职回乡了。但杨永康觉得，自己

杨永康讲述过去的工作情况

① 贺淑明：《爱，在雪域川藏线上延伸》，四川甘孜州公路管理局公路养护网，2019年4月13日。

还年轻，就算苦点累点也没什么。实习两年后，他就被分到泸定养路段管辖的在折多山路段的最高处的26道班。那时每天8点起床，老班长唐开文已经蒸好了饭，大家吃完饭后，就带着饭去工地开始干活。老班长要在太阳出来后赶紧把大家的饭拿到太阳下面晒着，中午吃饭时，这样温吞的饭往往让人吃得发吐。杨永康在这里干了一年多，就被调到24班当副班长，当时都是用架架车拉料，很重的料拉在身后，从坡上下来就叫"放架架车"，十分危险。因为表现好，他被任命为折多山到瓦斯沟的工区长。年轻的杨永康多才多艺，除了会打篮球、会唱歌，还在泸定养路段参加全县文艺汇演时，演过《红岩》里的许云峰。

1964年，杨永康参加了在郫县犀浦举行的干训班，回甘孜后就被安排到新都桥养路段当材料员，因为在道班一线干过，知道如何置办材料，如何送料到各个道班。那时的材料除了生产用具，还包括柴禾等生活用品，哪里需要什么都要做到心里有数，保证能及时把材料送到一线。

1974年到1979年在新都桥期间，杨永康自学了机械维修，后来被调到总段的机具站，又被提拔为站长。以前机具站都是亏损状态，有的工人甚至到街上卖起了衣服，杨永康看到后，给予了批评。上任后，他将一些不愿在机具站干的同志，分流到养路段。机具站除了保证公路养护的需要外，还通过外修增加收入，制定了每10万元提3元的奖励措施，得到了上级认可。经过一段时间的努力，机具站实现了扭亏为盈。为了干好工作，杨永康常年在基层和外地跑，机具站的站长办公室4年都没进过一次。

1988年，杨永康被调到总段任机料科科长，第三年被任命为副总段长，负责行政、路政、医务等管理工作。那段时间，公路建设和养护进入了新阶段，各种新型机械被大量使用在建设和养护中。杨永康提出建立机械化大队，还带人到湖州去购买铺路机和挖掘机。杨永康去西昌学习油路铺筑技术，把从炼油到铺设的整个过程都学了过来。他在外地参观时，看上了人家的平路机，认为很实用，于是就产生了改造甘孜州道班里常用的485农用车底盘的想法。他们找了个重庆的技术人员来绘图，经过大家的努力，改造成功了，还获得了一个革新二等奖。杨永康说，当年的总段班子中，绝大多数都不抽烟、不打麻将，把评先进的机会都让给一线工人。这样的工作作风，就是为了带好干部队伍，避免基层干部作风涣散。1998年8月29日，国道318线巴塘段被洪水冲毁，还形成了波戈溪堰塞湖，情况十分危急，总段领导班子的主要领导都到了巴塘，在巴塘一线一待就是两个月，后来终于处理好了堰塞湖的危险。那时，只要哪里有大的坍方、断道，就有总段的领导亲临现场指挥，他们是一线工人们坚强的后盾。2002年，杨永康退休，到成都生活，过上了平静的晚年生活。

与地本一起搭班子、当时任政治处主任的冯柏青是三台县人，中学毕业后在老家当了2年民办学校的教师，后来学校停办。1965年，乡政府推荐他到甘孜公路养护总段。1966年到1969年，他在总段任秘书，参与了清理档案的工作。但他并不想待在机关，很想趁年轻去学门技术，去当电影放映员。申请交上去后，领导却不同意。最后领导终于同意让他去学驾驶。他就到机具站开工程车，一干就是10年，对道班的情况都很熟悉，还经常给道班工人带东西。后来，他担任了机具站的站长。

1990年，冯柏青被调到总段任政治处主任。政治处主任的主要工作是党建、干部管理、职业教育和宣传。选好干部用好干部能使工作事半功倍，冯柏青针对当时干部队伍文化水平不高、没有理论知识等问题，大力开展培训，将干部送到总段自办的职业学校学习。对一些肯干又有文化的骨干，发现之后，就送到省公路学校等学习工程管理等专业，这些举措为甘孜公路系统培养了很多干部。根据总段班子的决定，政治处组织了一次干部考察，并走访了所有班组之后总段按照有关规定，对分段班子进行调整，对整个管理层的作风改善起到了促进作用。

冯柏青回忆当年的改革故事

为了更好地传播系统内的信息和弘扬公路人的奉献精神，总段有一份内部刊物《甘孜公路报》，冯柏青在任政治处主任期间，负责这份内部刊物的编辑工作。报纸分8版或4版，对甘孜公路养护总段内的新闻事件、先进人物、重要工程进行报道，并开辟了文化栏目，使甘孜公路人有了一个很好的信息平台，能充分交流、互通有无，鼓舞了职工的斗志。

1991年4月，受总段党政领导班子的委托，冯柏青等人组成编纂组开始着手《甘孜州省管公路志》的编纂工作。由于离甘孜公路初创已有40多年，单位建制几经变化，档案资料芜杂，许多老工人在当时已经退休，收集资料和撰写成为难题。接受任务后，他们查阅了总段档案室关于甘孜州省管公路各时期的全部工程、技术、财务方面的文书、档案和资料，从中摘抄、复印了200多万字，起草了约60万字的草稿，又修改、补充为约40万字的初稿，于1992年8月开始征求意见。根据收到的意见，他们于1993年4月中旬又进行了一次修改，并根据总段党政领导的意见，增加了1991年、1992年的内容，于1993年8月定稿，11月付印，历时两年多。在编纂过程中，编纂组得到了李维章、汪世泰、惠建昌、王若汉（藏族）、王运绪、吴荣山，高天贵等老领导，韩刚、路连云、赵全龙、员守章、郭凌清、朱忠秀、廖代芬（女）、赵发荣、尹化炎、赵侠廉、谢开枢等老同志的支持，州民干校副译审格桑曲批（藏族）书写封面藏文，《甘孜报社》主任记者乐近雄提供珍贵照片，还得到总段机关各科室及各段（队、站、校）的大力协助。该志总结了从1950年恢复抢修川康、康青公路到以来四十年的筑路、养路历史，成为甘孜州公路史的珍贵史料。

甘孜公路养护总段和甘孜州公路局时期编纂的两部公路志

1992年和1995年，康定发生两次特大洪灾。尤其是1995年的洪灾，对当地生产生活产生了严重影响。主要原因是长时间降雨及伴生泥石流、崩塌，加之上游折多山"散泥巴"处大型垮塌，沿途众多坍方，折多河的河床中的推移物质大量集聚堵塞河道、桥洞，继而引发了城区大面积洪水冲刷、淹没的重大灾害。灾情发生后，国务院领导听取了甘孜州灾情汇报团的专题汇报，并做了重要指示。省委派出慰问团深入抗洪救灾一线，指导抗洪抢险工作。甘孜州、康定县的单位职工、群众、驻军、武警等都不分昼夜、不计报酬、不管老少地全部投入了抢险工作中。省里派出了工兵和一台轮式挖掘机，开展爆破和河道障碍物清理的工作。邻近的泸定、道孚、雅江等县派出了医疗、防疫人员协助救灾。甘孜公路养护总段、泸定养路段都全部参与救灾，经过近40天的奋战，修复了康定城区被洪水冲毁的河堤，使河水归入主河道，无一人死亡、失踪。甘孜公路人在救灾中的表现，体现着默默无闻的铺路石精神。和这样的特大洪水搏斗，终于取得胜利，当参与救灾的人们在康定宾馆参加州政府举行的庆功晚宴时，不少人都潸然泪下。

冯柏青（左）在公路抢险现场（冯柏青/供图）

公路体制改革向纵深推进

　　从20世纪90年代初开始，公路体制改革贯穿于甘孜公路养护总段的工作中。1993年，总段继续实行浮动工资制，并开始实行绩效工资制。总段进行宏观调控，加强业务指导和技术监督，对班组定任务、费用、工效等责任制，实现按劳分配，按定额分配工资，着重从好路率的提高、整形路的巩固、班组管理等重要指标考核各道班工作业绩。经过这次工资改革，总段在职人员人均月增加工资75.59元，离退休人员人均月增加工资66.28元。

　　1995年，继续深化改革，试行生产单位逐步向企业化管理过渡，机具站、油路工程队、机关招待所实行内部企业化管理，独立核算，自负盈亏，自主经营，自谋发展。推行目标管理责任制，"分值考核，以奖代补"，浮动工资与生产挂钩，实行大中修工程项目责任制等。生产道班实行安装、打点、划断包干的大定额考核。1996年总段自筹经费用于职工奖励，并向生产一线倾斜。对泸定段试行大道班作业试点，将原20个道班合并为6个大道班，实行计件工资和计时工资相结合的工资制，收方计件，同工同酬，多劳多得，减少段站非生产人员。

　　1998年，在事业单位推行企业化管理。总段对工程队和机具站实行内部企业化管理，逐步推向市场。机具站职工由原来的59人减为28人，勤杂人员由19人减为7人。同时，继续搞好特约维修专修点工作。工程队组织工程技术人员及其他管理人员面向市场，承包工程。对各养路段继续实行目标任务责任制，经费切块下达，包干包死超支不补，节约全留；建章立制规范道班生产，推行"五定（定人员、定里程、定指标、定质量、定奖惩）经济责任制"，按各段完成生产任务、安全、经济指标和精神文明建设等各项工作的情况，以"双百分"制考核计奖分配；因地制宜，发展第三产业，巴塘、新都桥、道孚、甘孜等段和工程队的第三产业收入均达到10万元。

1999年，发生了甘孜公路历史进程中的一件大事，那就是甘孜公路养护总段结束了它30多年的历史使命，改制为甘孜州公路管理局。早在1998年，按照四川省政府（1993）字第025号文精神和四川省交通厅意见，原甘孜公路养护总段于1998年12月28日成建制下放移交甘孜州管

甘孜州公路管理局2010年搬迁前的办公楼（周华/摄）

理，并与甘孜州交通局直属公路管理处合并，组建甘孜州公路管理局。1999年2月6日正式挂牌；4月，机关和下属单位机构编制基本确定；8月27日，下属9个公路管理分局挂牌。原班子中的4名正副领导退居二线。5月下旬，甘孜州交通局党委副书记、副局长西绕绒波兼甘孜州公路管理局党委书记、局长。6月初，全局中层领导干部基本调整完毕。公路局成立后，对内部机构进行调整：撤销政研室、医务室；成立县道科负责管理全州县、乡道；原劳动工资科改为退休管理科；组织干部科更名为组织人事科；原工务科、宣传教育科与保卫科合并成立安全保卫科；原甘孜公路养护总段路政管理大队更名为甘孜州路政管理大队。

从2000年开始，各公路管理分局普遍试行了多种形式的公路养护承包制，实行责权利挂钩，在劳动、用工、分配、奖惩等方面做了相应改进；转换公路养护机制，尝试管养分离、事企分家。随着政府机构改革和职能转换的深入进行，公路养护体制改革稳步推进。各分局普遍试行内部承包制、招投标制、大定额管理、效益与浮动工资相结合的各种形式的公路养护经济承包责任制。

2006年7月，一位身材高大、相貌堂堂的汉子来到甘孜州公路管理局，担任党委副书记。他就是曾担任理塘县领导的刘江。刘江到了公路局之后，对存在的情况进行了调研。2007年11月29日，经甘孜州委同意，刘江担任中共甘孜公路管理局党委书记；12月3日，第九届州人民政府第46次常务会议决定，任命刘江为公路局局长，与杨培旭、更登格西、罗卜泽里、廖虎5位同志组成公路局党委，杨培旭任副书记兼纪委书记，更登格西、肖星义、罗卜泽里任副局长，廖虎任政治处主任，学英任工会主席。

在2007年初，甘孜州委、州政府启动公路养护体制改革，下发了《公路养护体制改革实施意见》，并将此次改革作为州委、州政府重大改革之一，纳入议事日程。刘江走马上任后，经过一段时间的摸底调研，并上报州委、州政府、州交通局，于2008年1月成立了甘孜州公路管理局公路养护体制改革领导小组，开始了大刀阔斧的体制改革。2007年11月，分管交通的时任副州长的向秋带领州财政、人事、交通、公路部门的同志前往阿坝州考察了公路养护体制，同年底，在甘孜州政府召开常务会议，随后甘孜州委常委会议审查改革方案，将此项工作作为2008年全州六大改革之一。2008年2月，公路局下发了《甘孜州公路管理局公路管理养护体制改革宣传方案》，提出改革的目的是，形成具有竞争活力、符合社会主义市场经济体制要求的公路管理体制和运行机制，建设一支高素质的专业化公路管理队伍，并按照"统一领导、分级管理"的原则，明确划分各级政府在公路管理中的职权，最终实现降低成本、工作互补、提高效率、提升公路综合服务水平、增加职工收入、提高生活水平的目的。深化公路管理体制和运行机制改革，既是加快公路建设的动力，又是公路事业健康发展、增加职工收入、提高生活水平的必要条件。3月，甘孜州公路管理局转发了甘孜州交通局《关于公路养护体制改革具体工作的安排意见》的通知。甘孜州领导经常关心、关注改革情况，多次听取改革进展情况汇报，帮助解决改革中的具体困难和问题，从政策上给予优惠，在资金上给予扶持。6月，完成了工程队与机具站合并重组工作，做好了两个单位的资产清理和财务内部审计，专题研究处

刘江（前排右一）陪同时任甘孜州常务副州长陈忠义（前排左二）调研色色路改建工程（甘孜州公路建设服务中心资料图片）

理和解决机具站的遗留问题。6月20日，召开了甘孜州公路管理局工程队体制改革大会，宣布甘孜州公路管理局工程队正式挂牌成立。这标志着工程队与机具站合并重组工作圆满完成。

这次改革一是改革管理模式，明确了责任主体，建立了"分级管理、分级负责"的公路养护管理模式，进一步明确了甘孜州人民政府是甘孜全州国、省干线公路养护管理的责任主体，甘孜州公路管理局负责国、省干线公路的管养。为确保改革取得成效，甘孜州公路局确定了"分级管理、分级负责"的公路养护管理模式，从科室和分局着手，管理人员轮岗，打乱重新洗牌，"事企分离、管养分开"，整体推进管理体制和运行机制改革。二是改革养护机构，升格甘孜州公路管理局。2008年，甘孜州公路局从甘孜州交通局直属的全民所有制正县级事业单位，升格为甘孜州政府直属的正县级事业单位；在原有9个公路分局的基础上，增设丹巴、九龙、稻城、德格4个公路分局，2011年又增设了白玉公路分局，2015年增设了隧道和路网应急管理中心和色达、新龙、雅江、得荣公路分局。三是改革养护模式，建立竞争机制。按公路类别和级别制定不同的管理标准和养护规范，把生产任务落实到个人，实行定员、定岗、定责，建立公路养护竞争机制。正式承担了全州国、省干线公路的养护管理任务，养护总里程由原来的2162.82公里增至2769.26公里。四是改革劳动用工，完善分配机制。按照"老人老办法，新人新办法"的原则，对原在册公路养护人员全面推行养护绩效工资制，并将全体职工纳入参保系列，将在职职工全部纳入机关事业单位基本养老保险。在职职工2007年12月31日前的连续工龄（工作年限）视同养老保险缴费年限，不再补缴养老保险（视作已缴基数）。2008年1月1日起，所有参保职工按政策规定按时足额缴纳各项社会保险费并建立个人账户。13个公路分局职工的社保纳入甘孜州社保局统一归口管理（包括各分局原已参保的合同制职工）。全州公路养护体制改革后的退休人员，统一纳入社会保险经办机构按时足额发放养老金。根据这一基本原则，在甘孜州社保局的指导下，经过近半年的艰苦工作，圆满完成了固定工、合同制工人的审档及录入系统工作，个人保险账户全部建立完毕，不仅解决了养护职工的后顾之忧，而且也减轻了单位的负担，化解了矛盾，稳定了队伍，充分调动了广大干部职工的积极性。五是改革经费预算，严格资金规划。完善公路养护资金预算制，建立经费调节机制，根据实际情况预留机动资金，用于突发性公共事件，增强应急保障能力。

　　2009年，甘孜公路管理局解决了职工们十分关心的住房公积金问题，当年6月30日，印发的甘路发（2009）72号文件《关于住房公积金管理有关问题的通知》，确定从7月1日起，局属各单位、各分局在职职工全部纳入住房公积金管理。按照国家的有关规定，单位和职工住房公积金缴存比例为12%；职工个人缴纳的住房公积金，由所在单位每月在工资中代扣，单位缴纳的住房公积金，由甘孜州交通局财务部门核定后，在预算中统一列支。这一举措，受到了职工们的欢迎，也将他们的工作热情调动起来了。曾经有一个石渠的道班工人感慨地说："州局领导班子真是解决了职工们的老大难问题，现在保险有了，住房公积金有了，大家工作起来更有劲了。我最希望当面向局长致谢！"

甘孜州公路局公路管理养护体制改革宣传动员大会现场（甘孜州公路建设服务中心资料图片）

甘孜州公路管理局的所在地在康定将军桥片区，占地面积很大，大多是20世纪50年代康定国道管理局时期的房子，经历了岁月的风雨洗礼，房子已经破旧不堪，且办公用具也十分陈旧，有的办公室连像样的桌椅都没有。2010年，甘孜州公路管理局响应州委、州政府的号召，配合做好这一片区的旧城改造拆迁工作。甘孜州公路管理局领导班子研究后，决定报州委、州政府解决办公条件改善的问题。刘江局长多次向时任州领导反映情况，还专门发文请示州政府。功夫不负有心人，根据州领导统一安排，将原州检察院的办公楼交给公路局使用，经过认真维修并装备办公用具，公路局的办公条件大大改善。

2008年3月，甘孜州机构编制委员会就发出正式文件，按州委、州政府《关于公路管理养护体制改革实施意见》的精神，对甘孜州公路管理局机构编制方案进行了批复。后来根据州委、州政府的决定，甘孜州公路管理局从甘孜州交通局直属的全民所有制正县级事业单位，调整为州政府直属的正县级事业单位，并在2012年对局属管理人员实行参照公务员管理法管理，即成为"参公人员"，其最基本的工资待遇和晋职晋级的方式方法和公务员基本相同。这样的改革举措，使公路管理局管理人员更加安心地从事本职工作，工作积极性大大提升。

在刘江上任之前，甘孜州交通系统曾启动了"安心工程"，即修建职工住宅小区，小区的名称叫交通花园。然而，由于各种原因，交通花园暂停建设。刘江上任后，积极争取州政府支持，并协调财政、住建、国土等部门，获得了一个亿的资金，重新启动交通花园建设，并顺利完工，当年有资格的职工都分到了房子。在刘江的主导下，新建了一批分局和养护站，基本实现了一县一局，提高了国道和省道的管养力度。他对公路系统内职工的素质提升非常重视，分批次将一线的养护工送到北京等地培训，使他们开眼界、学知识，更好地投入工作。刘江不但经常与州委、州政府以及各个部门进行沟通，解决改革中出现的各种问题，还不忘公路养护一线的员工。他经常在最寒冷的时候下到一线调研，深入道班，了解职工的工作和生活，还常常自掏腰包为工人买肉、买菜，到了道班，就和工人们一起吃住，没有高高在上的领导架子，因此也受到职工们的喜爱。刘江又是非常低调的人，甘孜公路管理养护体制改革的经验被多个地方作为成功经验。各地前来邀请他去做报告，传授经验，新闻媒体要采访他，他都婉言谢绝了。

《甘孜报》在报道这次改革时这样写道：改革改出了合力，改出了激情，改出了新面貌，也改出了成效。通过改革，职工精神面貌、工作风气和敬业精神明显好转，工作积极性明显提高，主动性明显增强。

2016年9月赵景红就任甘孜州公路管理局党委书记、局长。生于1972年的赵景红年富力强，此前在雅江任县委副书记，有着丰富的管理经验。上任伊始，他就深有感触地说："甘孜公路养护管理的风雨征程，为我们积累了宝贵的发展经验。习近平总书记说：'一个忘记来路的民族，是一个没有出路的民族'。同样，一个忘记自己历史的行业，也是一个没有希望的行业。我们今天回顾历史，就是为了更好地把握今天、展望明天。"赵景红表示，甘孜州公路局将进一步落实"畅通主导、服务需求、安全至上、创新引领"的工作方针，遵循甘孜公路"修路、修身、养路、养心"的核心理念，着力加强党的领导，不断推进学习型党组织建设，着力培育和践行社会主义核心价值观，着力推动公路文化和职工队伍建设，努力构建现代公路养护管理体系，为全面建成小康社会当好先行。全力打造"和谐、品质、文化、阳光"四个公路品牌，是甘孜州公路行业贯彻落实科学发展观、促进公路交通转型发展的重大举措，也是公路人为社会主义物质文明、精神文明、生态文明做出新贡献的行动指南和锲而不舍的追求目标。

2018年，赵景红遇到了公路职业生涯中的一次严峻考验，那就是"11·03"金沙江白格堰塞湖泄洪后的道路应急抢险工作。险情发生后，甘孜州公路管理局领导班子迅速反应，组织全局的精干力量投入抢险工作中。

从2018年11月14日发生灾毁到11月20日上午10点，由甘孜州公路管理局局党委委员、副局长更登格西负责指导抢通保通工作，共出动挖掘机3台、装载机2台、应急抢险车3台、人员20人次。G318线巴塘江口至竹巴龙段共投入挖掘机31台次，装载机36台次、自卸车20台次、抢险车24

台次、拖车8台次、抢险人员450余人次，累计掘进便道19.2公里，清除淤泥24.3万立方。G215线白玉岗白路路基缺口抢通保通工作也于11月20日同步展开。

从11月14日开始，白格堰塞湖抢险保通指挥部和巴塘分局全体干部职工24小时连轴作业，时刻牵挂着险情。甘孜州公路管理局党委书记、局长赵景红也在此时带领东路、南路片区分局局长，深入国道318线巴塘县城至竹巴龙段，在抢险现场召开应急抢险实战现场会。面对白格堰塞湖泄流前后机械、人员的设置，应急预案的制订，如何开展金沙江大桥保卫战，泄流后如何开展抢险、救灾等问题，没有桌椅板凳，没有宽敞会议室，大家就站在忙碌的抢通路上，现场观察，现场总结。

2018年赵景红在金沙江白格堰塞湖抢险现场（陈勇/摄）

赵景红在现场说："参与抢险的人员从11月14号下午开始，就投入抢通便道，便道必须尽快打通，因为下面有巴塘县8个乡镇，还有就是这段路是通往西藏的咽喉要道。"公路局职工连续奋战了五天四夜。在保证安全的情况下，机械不停，人员三班倒，使整个掘进的速度非常快。当时预定的是15天，施工进一步优化以后，抢通时间还可以提前。G318线巴塘江口至竹巴龙段共8个作业面，投入应急抢险人员160人，到18日，掘进便道13.8公里，清理淤泥18.5万立方。公路局还加强公路安全巡查，积极组织人员开展灾后排险清理工作和灾情统计工作，在全面确保人民群众生命财产安全的同时，努力把灾害损失减到最低。经过连续奋战，公路局终于圆满完成了这次白格堰塞湖的应急抢险任务，赵景红也被评为"感动交通年度人物"。关于这次应急抢险战斗，本书将在下一章详述。

多年来，很多行驶在川藏线上的驾乘人员和养护工人都打过交道。那时只要在路上遇到车祸、堵车、饥寒、高原反应甚至生病时，一定会第一时间向养护工人求助。这些穿着橘红色工装的工人们总会及时伸出援手，竭力救助车辆，为饥肠辘辘的人送来热腾腾的茶水和饭菜，把他们接到养护站，让出自己的床铺……现在，除了驾乘人员，不少喜欢户外运动的骑行者、徒步者，还不时会"享受"到养护站的温暖。养路工人们扎根雪域高原，以坚韧的毅力保证道路畅通，他们的一身橘红，就像雪山之巅的红日，让人温暖、让人安心。

第四章

雪线上那一抹橘红

天路见证

"二郎山的守护神"

1951年3月，成都，虽春寒料峭，大街小巷却十分热闹。这是在新中国成立之后，到处都呈现出的欣欣向荣的景象。而在古色古香的黄瓦街，更是热闹非凡，有市民觉得奇怪就挤过去看看，原来这里是川康青工程处的招工现场，一打听，要招几百名工人。这个消息不胫而走，连续好几天，黄瓦街都被挤得水泄不通。

一个个子不高但长得比较壮实的小伙也来到招工现场，从人群中挤了进去，说要报名。招工人员一看，感觉他没有成年，于是就问他的名字和年龄，小伙说自己叫马明寿，18岁了，是成都饮食业工会的会员，也要报名去修路，为国家出力。招工人员一听他已经成年，就录取了他。谁知道马明寿撒了个谎，他当时只有15岁，这个年龄要是在现在，还是读书娃。在当时，15岁也是不符合招工条件的，但马明寿随口报了个18岁，那时条件有限，招工人员也没办法仔细核对。就这样，马明寿走上了与公路结缘的人生之路，而且一干就是一辈子。实际上，当年报名参加雅甘工程处川康青大队的人中，15岁的马明寿还不是最小的。当年住在成都和平街骆公祠的陈绍先，看到招工信息，为了给家庭减轻负担，想找个工作，便也来到招工处。14岁的他也说自己满了18岁，招工人员看他一脸稚气，却是个大高个，竟一点也不怀疑，就录用了。

那一次，和马明寿、陈绍先一起出发的成都民工有50人，他们在寒风中领到三万元（笔者注：旧币），买了一些大米、一件蓑衣、一个斗笠（蓑衣、斗笠用来遮雨），背着一卷铺盖。民工们对前途有些茫然，但上级一声令下，便都开始往前走，好容易走到雅安，住了一夜，第二天到了天全县，休整了一阵，接受了简单的技术和安全培训后，就前往二郎山。50名民工被分到二郎山山顶和垭子口，部分民工被分配在烂池子、干海子，开始抢修路面。

这次招募的工人主要从事二郎山路段的改善工程。1950年，为了尽快打通雅安到马尼干戈段，决定先沿旧路抢通，然后再求改善。部队军工和民工在终年阴雨连绵的二郎山上，战胜了悬崖峭壁，仅仅耗时4个多月，就抢通了全程。因此，在1950年基本上没有测设工作，1951年才进行过一些局部改善工程的测设。由于凭经验估计，施工技术也较落后，如泥结碎石路面，体积庞大的黎明桥桥墩、沙坪东桥基础不稳等问题，暴露了陈旧技术上的弱点。雅马段进入紧张施工的阶段，为了克服供应上的困难和提高工程质量，西南公路管理局召开了天全会议，会议讨论各项问题，明确技术人员在修建任务中的作用，规定技术与行政人员的权责，批评了浪费现象，具体划分任务期限，并制定各项主要工程的定额，从而保证了1950年通车任务的完成，并为1951年改善工程的实施奠定了良好的基础。在抢修时期，以军工为主，工人为辅；1951年改善时期则以工人为主，仍有部分军工参加。组织工务段，由川康青工程处领导，继续开展改善和养护工作。雅马段的改善工程，以桥梁工程为重点，中型桥修建钢梁及钢筋混凝土梁。

马明寿和陈绍先毕竟年

2022年，马明寿讲述自己参与修建川藏公路的故事

纪小，虽然招工进来了，但很重的活还是没有分派给他们。于是他们就负责搭帐篷和捶碎石。捶碎石看似简单，但不掌握方法的话，石头会到处乱飞，不小心还会砸伤人，根据有经验的工友教的办法，他们用一块橡胶皮包着鹅卵石，然后再使劲捶打，这样工效好，也比较安全。此后的很长时间，这一拨工人都在泸定、团牛坪、康定、折多山等地进行路面养护工作。别看马明寿年纪小，但积极肯干，又喜欢动脑筋，到1951年年底，他就当上了青年突击队队长。由于当时是在悬崖峭壁下施工，坍方砸死人是常有的事。从冷碛到泸定的一段路上，马明寿看到几个工人推着泥土往坡下倾倒，这时，突然从山上垮下一大堆土石，一下就把几个工人掩埋住了，被挖出来时，已经殉职了。马明寿说，那时的抚恤金仅有几百斤大米。在冷竹关，他们腰间绑着绳子在悬崖间打炮眼，而放炮之后又要清理松动的石头。一天，山上突然飞石，把四五个工人砸到大渡河里，湍急的河水一下就把人冲走了，其他工友用皮划子在河里找了很久，也没有找到，这些殉职的工人连名字也没留下。马明寿记忆深刻的一件事，是1952年年底，当时正是除夕，一个工人的脚被石头砸

陈绍先与爱人王光珍在成都的家里聊往事

断，伤势十分严重，马明寿连年夜饭都没吃，忙和其他人抬着担架，把伤者送到了甘孜州医院后，这才返回。

而当时的陈绍先在团牛坪，被安排搭建帐篷和打碎石，碎石用于加宽路面。1951年冬天，工地上成立了飞班，陈绍先就参加了飞班，负责扫雪。他说，那时扫雪的工具很简陋，就是一块木片，中间有个木把手，效率相当低。干到第二年春天到来，飞班撤销了，陈绍先被留在山上的道班，一年后，被调往甘孜县，后来又调回新沟养路段，在烂池子当勤杂工，干了一年后，调到康定国道管理局，在医务室当勤杂工，主要是搞卫生和帮助护士照顾病人。那时，陈绍先年龄小，但身材高大，还当过局里的篮球队员，和康定的其他单位一起参加过篮球比赛呢。康定国道管理局的职工轮训班对马明寿、陈绍先都产生了影响。马明寿原本只有小学文化，在培训班学习了3个月，后来不但担任过劳工干事，还当过扫盲班的教员。陈绍先上过识字班和夜校，提高了自己的文化素质。后来调到新都桥养路段，还学习了驾驶技术，20世纪80年代调到了机具站，从事驾驶，一直干到退休。那时，经亲戚介绍，他认识了在成都西河小学教书的王光珍。经过三年鸿雁传书，1966年，陈绍先和王光珍喜结连理，又是几年的两地分居后，1971年，王光珍也调到新都桥养路段。此后王光珍调到总段劳工科，干了10年。

2022年10月，二郎山上秋色渐浓，山上的彩林让人心醉，尤其是道路两旁的落叶松，掉下的松针把二郎山老路铺成一条金色的大道。泸定分局工会主席何英与杨凤琴陪同我们上山。老职工杨健康边开车，边介绍着自己在二郎山十五道班上班时的情景。他指着一个小地名叫"大垮方"的地方告诉我们，过去，这里三天两头都在坍方，石头和泥土从近百米的山坡上滑下来，道路马上就会阻断。在二郎山，堵车就成为常态。有一次，他拉着一车沥青翻山，没想到前面堵住了。这次的险情很厉害，短时间没办法抢通，杨健康只好请旁边一个小伙子帮着守车，自己凭借长期在十五道班工作的经验，对环境的熟悉，从小路赶到道班上。没想到这次一直堵了13天。一辆卧铺车旅客都走完了，卧铺竟成了堵在山上的驾驶员们的"最爱"，纷纷要求晚上睡在卧铺里，适当付给费用，卧铺车成了"临时旅店"。杨健康说，当时自己在十五道班工作时，这样的堵车也经常发生，那时只要一发生情况，道班工人总是第一时间赶到，开始抢通路面，还要给堵车的司机送水、送饭。

由于现在雅康高速路修通，二郎山原来的道路只用作森林防火，部分道路用于旅游，往山顶的道路已经因为缺乏养护而变得崎岖难行。十五道班、干海子道班只剩下后来修建的作为其他用途的房子，干海子道班原来的铁板镂空的牌子，在秋风中诉说着往事。

干海子道班已经撤销，场地做其他用途，只剩下这块牌子还保留着当年的痕迹

20世纪七八十年代，二郎山道班就建在海拔2800米处，担负着8公里的养护任务。当时道班有14名职工，由于二郎山上少有晴朗天气，他们长期在雨雾里劳作，一年365天，盖的被子少有干的时候，所以大家都有风湿病。但是，老工人们却舍不得二郎山。如一位叫曾绍成的老工人，1969年上二郎山，两个儿子长大后，也分配在二郎山附近的道班工作。到了20世纪80年代，段领导考虑到他的身体情况，想把他调到条件好一些的道班，老曾却不干。面对大家的劝说，他只有一句话："习惯了，

舍不得⋯⋯"

　　当时二郎山道班还有一位叫蒲富贵的年轻道工，他是都江堰人，在家乡找了个对象。女方就要他想办法调回都江堰，但是蒲富贵舍不得自己的工作，于是就使出了"拖字诀"，可是拖个几次没什么，总不能一直拖着。女方家给他下了"最后通牒"，要是不调回都江堰的话，婚事就吹了。但当时正值全班在抢修路面，工作本来十分紧张，班长考虑到他的终身大事，特别批准了他的假，让他赶紧回去看看。蒲富贵思前想后，觉得自己还是放不下这份工作，放不下与二郎山的其他兄弟共同战斗的情谊，一咬牙还是留了下来。

　　二郎山道班养护的这8公里路，由于公路基础差，路况一直不好，夏天暴雨冲刷，山体年年崩塌，阻断道路，冬春季节，路面封冻，要扫雪打冰。1982年时，好路率才10%，但经过道班工人们团结一心，采用了"一铲二补三排水"的科学养路方法，到1986年时，好路率达到了40%，还节约资金1万元。在这样的路面条件下，堵车还是成为家常便饭，而且行车也随时会有危险，有的驾驶员口口相传一些顺口溜："车过二郎山，如闯生死关，过了老虎口，还有鬼招手。""车过二郎山，如过鬼门关，万幸不翻车，也要冻三天。"据不完全统计，从1975年到1983年，在二郎

在冰雪封冻的二郎山公路上行驶的汽车（甘孜州公路建设服务中心资料图片）

二郎山上的老公路（陈勇/摄）

山，因车祸死亡104人，重伤37人，报废汽车50辆，轻伤和在山上因冻饿生病的就更多了。而道班工人在关键时刻，总是挺身而出，因此被称为二郎山的"保护神"。1983年冬季，组建了以二郎山道班为主，军民共建川藏路的战斗集体，经过大家的艰苦努力，实现了整个冬季无死亡、无重伤、无重大交通事故、无纠纷、无阻车的"奇迹"。1984年冬，道班工人分为几个组，每天上午9点到下午4点，带上防滑料和工具，来到容易发生事故的路段，为过往车辆提供帮助。一次，一辆汽车出现打滑，眼看就要坠崖，在千钧一发之际，道班工人们一声大吼，冲上去用肩膀顶住下滑的汽车。老工人陈再阳情急智生，两把就脱掉身上的皮大衣，垫在车轮下面，汽车这才止住下滑势头，车和人都得救了，而陈再阳的皮大衣却被碾得破破烂烂。

有一天晚上，二郎山上下了大雪，清晨时分，一片银白。道班工人出工巡路，突然发现路下面150米深的山沟里隆起一块巨石，上面覆盖着厚厚的白雪。大家观察之后，确定这雪下肯定是一辆车。在班长李顺强的带领下，大家快速滑下山沟，到了沟底一看，果然是一辆货车，驾驶室有三个人，都身负重伤，奄奄一息。工人们忙用钢钎撬开驾驶室门，但三人的腿被方向盘卡住，他们又把方向盘拆下，这才把三名伤者救出来，然后花了很大力气将他们背上公路。伤者还在流血，情况十分危急。李顺强一摸身上，只有10元钱，就递给陈再阳，让他拦车将伤者送到医院。陈再阳拦下一辆车，把伤者送到了山下的两路乡医院，但乡医院无法抢救重伤者，于是陈再阳又忙着拦车赶紧送往几十公里外的县医院，但当时的某接诊医生却不愿接收满身血污的伤者。陈再阳和他说了一箩筐好话，不

20世纪七八十年代，二郎山的道班工人在除冰铲雪
（甘孜州公路建设服务中心资料图片）

停地争辩。这事把院长也惊动了，院长马上赶来，县监理所的同志也出面协调，终于把伤者抬上了手术台，三名伤者都得救了。后来，伤者的单位多次派人到道班来致谢，把几十斤鲜肉和几大捆新鲜蔬菜放在道班门口，不许工人们退回。他们说，知道你们不会收钱，但这点心意，请一定收下。

二郎山上堵车是常事，一堵车，山上旅客的吃住就成了最大的难题。1986年3月，二郎山下了大雪，公路上积雪就有2尺多厚，有200多辆车在道班附近的路段遭遇堵车，进退两难。车上几百人在这冰天雪地里又冻又饿。道班工人们敞开道班大门，把火烧得旺旺的，首先让老人和妇女、孩子进来，然后又烧了热水，挨车去送。到了晚上，他们还把自己的床铺腾出来，让旅客们住，疲惫的自己则靠在火炉旁昏昏沉沉地睡去。[1]

也就是在1986年，交通部组织有关专家对二郎山隧道工程进行了可行性调查工作。1995年，二郎山隧道建设工程被列入我国"九五"计划重点建设项目。10月18日，二郎山隧道东段引道工程开工。12月18日，二郎山隧道西段引道工程开工。1996年5月23日二郎山隧道动工。6月18日，二郎山主体工程开工。1998年11月28日，二郎山隧道贯通。2001年1月1日，二郎山隧道全面竣工通车。隧道位置是从上海—聂拉木公路（318国道）天全县新沟乡上行，于二郎山东坡龙胆溪进口穿越二郎山岭的干海子山，全长约4176米。二郎山隧道建成通车后，川藏公路二郎山路段比原来的公路缩短了25千米，并能提高车辆昼夜通行能力，确保全天候行车安全。

进入21世纪，随着雅康高速公路的建设，13.4公里长的新二郎山隧道于2012年9月26日开工，2017年12月31日通车，长度在当时全国已通车公路隧道中位列第四，在全国涉藏地区通车高速公路隧道中位列第一。隧道建成后，海拔高度较国道318线老二郎山隧道降低约700米，路程缩短40公里，通行时间由2小时缩短为15分钟，避免了因冬季结冰带来的安

---

① 谷雨，陈晓，江兰著：《嘻，蜀道——从先秦石栈走入现代大交通》，中国工人出版社，1993年。

全隐患，实现全天候通行，结束了甘孜涉藏地区不通高速的历史，也为区域后续重大基础设施建设提供有益参考。

现在从成都到康定，穿过彩灯璀璨的新二郎山隧道，完全感觉不到以前翻越二郎山的艰辛和危险，但是我们永远不能忘记，那些"二郎山的守护神"付出的心血与汗水乃至宝贵的生命。

雀儿山上的护路传奇

　　国道317线上，哪里的道班条件最艰苦？答案毫无例外是雀儿山五道班。在修通了雀儿山的公路后，1954年6月，在雀儿山成立了养路道班，山顶10公里的养护和山两头16公里的推坍方、冰雪的任务，就由五道班承担。这里海拔4889米，空气稀薄，氧气含量不到平原地区的一半，被人们称为"生命禁区"。而近70年来，雀儿山上以五道班为代表的包括三班、四班、六班在内的道班工人，用不懈的奋斗，铸就了一个个公路养护的传奇。

　　能够在雀儿山五道班上班的人，可谓个个都是英雄汉。养路工人初到雀儿山道班时，常会因为高原反应，头昏脑胀、呼吸急促、吃不下饭、睡不好觉。据甘孜州公路建设服务中心的贺淑明说，他认识的一位叫小扎西的工人，还是康定本地人。20世纪70年代，小扎西想到最艰苦的雀儿山五道班去锻炼自己，但是上去之后高原反应让他浑身无力，整天都昏昏沉沉。那时的班长很照顾他，后来考虑到他的身体情况，还是让他下山到其他道班了，他自己也感到非常遗憾。在雀儿山山顶养路，要有能长期坚持重体力劳动的体魄。雀儿山山顶的公路和其他地方的公路有着很大的不同，养路工人常年要和山洪、坍方、冰雪、严寒搏斗。冬春时期，遍地冰雪，公路被覆盖，加上大雾弥漫，汽车上坡爬不动，下坡打滑，稍不注意就会冲下山去，十分危险。夏秋季节，冰雪融化后，形成山洪冲毁路面，崖上的冰雪被太阳暴晒之后，时常夹带着大石头滚下山坡，破坏路基和构筑物，并堵塞交通。雀儿山上缺水、缺柴、缺路面材料。为了养好公路，缺水，养路工人就用架架车到几公里外去拉或用冰雪融化；缺柴，就到20多公里外的山下去砍；缺路面材料，就到很远的地方去运；机具发生故障缺配件，就自己动手修。上级给他们配了一台生活车，一算成本，他们没敢多使用，就凭着一双勤劳的双手和一些简单工具，和雀儿山上的冰雪、飞石、坍方斗了60多年。他们清除的冰雪和泥石，可以筑一道一米宽、一米高的墙，从雀儿山顶铺到北京天安门广场再折回来！

　　笔者在前期采访中，听不少老职工说，要写雀儿山道班尤其是写雀儿山五班养路护路的故事，就一定要写五道班首任班长游俊林，正是共产党员游俊林以及后来的16任班长带领大家，才留下了雀儿山五道班的无数感人事迹，雀儿山的精神，就是在那个时候诞生并一直传承下来的。可惜游俊林已经离开了我们，只能从现存的资料里，寻觅那时他与雀儿山五道班团结战斗的身影。

雀儿山上的国道317线老路全景（陈勇/摄）

1958年深秋的一天，山上狂风大作，大雪纷飞，一段路被坍方堵塞，30多部车子阻在山顶，100多名旅客困在山上，又冷又饿。雀儿山五道班同志闻讯，立即把所有旅客接到班上，派人守护车辆和物资，又忙着烧水、煮饭，给有高原反应的行旅人员拿药。炊事员怕客人初到高原吃不惯酥油做的菜，特地用平时省下的菜油炒鲜菜。晚上，他们把所有的床铺、被子让给老人、儿童和妇女睡，把皮、棉大衣让给无床铺的旅客穿，全班人在院子里烤火过夜。深夜，一位旅客发生心衰，呼吸困难，急需抢送下山。他们一边给病人输氧，一边由班长游俊林带了4位同志，去山顶向一辆小汽车求助。他们在前面铲雪开路，抢通一段开一段，汽车爬不动的地方就推着车走，整整花了6个小时，终于把这位旅客送到山下就医，脱离了生命危险。

1958年下半年，陈绍先被分到了雀儿山五道班，那时这里还属于新路海养路段。五班的机械班有3台推土机，2台苏联造C80，1台美国制造的HTD，还是解放战争时期从敌人手里缴获的。C80比起HTD来要笨重些，HTD不但是电启动，而且是斜刀片，容易把雪推往路旁，后来C80也

20世纪五六十年代的雀儿山五道班（马明寿/供图）

被改成了斜刀片。由于HTD已经非常老旧，履带的销子容易掉出来，就要专门派个人跟着走，手里提着一把二锤，销子一往外掉就捶进去。陈绍先就开着这台HTD，和何元全、徐礼还有小林，在山上推雪。在雀儿山干了一年，陈绍先就调到新都桥养路段，没想到他和雀儿山结了缘，1962年又调回雀儿山五道班。在这里他遇到了1960年上山的马明寿，当时马明寿也开推土机，还是基干民兵，在雀儿山干了7年时间。马明寿开的是苏联的C80推土机，这种推土机不好启动，头一天要把雪放进锑锅里化成水，第二天烧开加入水箱，还要用火烤油底壳，使结冰的机油融化，然后手摇小引擎，带动大引擎工作。有一次，马明寿在前面刚把雪推到旁边，准备继续往前时，有工友跑过来喊他，说是后边有车被山上巨大雪块砸到路边，已经被雪湮埋了。马明寿一听，忙调转推土机，到后边把盖着出事车辆的雪小心翼翼地推开，只见车上的4个人都已经冻僵，没有生命迹象了。陈绍先说，他第二次上雀儿山时，道班班长还是游俊林，他们机械组有5个人，他和马明寿，还有王方文、曾长福、唐宏澄，马明寿是组长。平时总是唐宏澄和陈绍先一起开那台美国造HTD。有一天早晨，这台推土机工作时被大雪湮埋，他们忙把其他道班工人都

20世纪50年代雀儿山上使用的推雪机（马明寿/供图）　20世纪50年代马明寿在雀儿山上站岗（马明寿/供图）

喊过来，大家一起干了两个多小时，才把推土机刨出来，而公路上也堵了两个多小时。

　　老职工赵发荣采写的一篇关于雀儿山五道班的报道发表在1963年的《甘孜报》上，讲述了一个故事。1963年冬，雀儿山上狂风呼啸，漫山雪飘，山上积雪很深，把两个车队堵在路上。五道班的工人们天不亮就出工了，一直干到晚上8点，路还没抢通。这时，一位旅客突然呼吸急促，神志昏迷，道班的刘医生马上诊断，发现是心脏衰弱，但山上缺乏氧气，病人生命垂危，必须马上送下山去。班长游俊林和刘医生商量了一下，决定护送病人下山。这时，天色已晚，外面飘着鹅毛大雪，游俊林找到汽车司机，说明护送病人下山的情况。司机面露难色，害怕这么晚又这么大的风雪，车子开不下去。游俊林对他说："驾驶员同志，开车

唐宏澄参加修筑川藏线时的老照片（唐莹/供图）

吧，时间不等人，开不过去，我们抬也要抬过去。"游俊林和马炳芳、刘医生、小林还有一个道班工人，5个人顶风冒雪，在齐膝深的积雪里，一步一滑地为汽车铲雪开道。在辛苦铲雪中，小林的痔疮犯了，鲜血流下来，把裤子全染红了，但他仍然坚持铲雪。8公里的下坡路，大家铲了6小时，终于清理了路面积雪，汽车也顺利地开了下来。一到山下海拔低些的地方，病人马上就好转了。他苏醒过来后，拉着道班工人的手不住地感谢。他说，你们这种舍己为人、关心同志的高贵品质，值得我们学习啊！

1968年春的一天，雀儿山五道班一位工人在路上铲雪，看见一辆货车滑进了雪坑，他正准备前去抢救，不料车子翻了下去，驾驶员被摔出驾驶室，受伤昏迷。这时既没有车过来，身旁又无其他人，怎么办？回五道班取药，医药条件有限，伤员得不到抢救。于是他决定到相隔7公里的六道班求援。在近一米深的冰雪路上，根本无法行走，他把伤员背在自己背上，用脚手爬行，汗水和伤员的血凝在一起，打湿了衣服，寒风刮得他又冷又饿，眼看就要支持不住了。他想到电影上红军爬雪山、过草地的情景，想到战场上抢救伤员的情景，鼓足勇气，咬紧牙关，坚持前进。快到六道班时，疲劳、饥饿、寒冷使他精疲力竭昏了过去。当他被六道班同志急救醒来，第一句话就是"快救伤员"。大家说伤员已送兵站没有危险了，他才深深地舒了一口气。又一次，大雪封山，几辆客车阻在半山上，车上有几位旅客因高原反应昏了过去，情况紧急严重，五道班同志得知后，立即全体出动。走回头线要一个多小时，为了抢时间，他们把圆锹、撮箕放平，坐在上面，直接从坡上连滑带滚地滑雪到达现场，再背着病员来到道班，为病员喂药、输氧，病员脱离了生命危险。

时间来到20世纪70年代。1977年元月的一个夜晚，雀儿山上大雪纷飞，五道班的工人都准备休息了。这时远处传来紧急的汽车喇叭声，一下撕破了静谧的夜，听起来非常揪心。五道班的同志知道肯定出事了，急忙跑出道班房，向车灯光处奔去，原来是一辆货车抛了锚，停在防雪棚里。驾驶员着急地说："我第一次跑这条路，现在水箱坏了，请你们帮我守一下车和货，我回成都去取水箱。"道班上同志安慰他，让他先到班上休息吃饭，去成都取水箱，往返要一个多星期，大家共同想办法把水箱修好，就不用花这个时间和精力了。他们把驾驶员接到班上，组织人背上工具，把风箱、火炉、煤炭都运到停车处，连夜修好了水箱。

1989年的一个寒冬之夜，风雪交加，大雾弥漫。一辆客车滑入雀儿山山顶路边的积雪中无法前进，驾驶员忙下车去五道班求援。全班同志急忙起床，赶赴现场，奋力铲雪推车，但车轮打滑，越陷越深，有滑下深沟的危险。在这千钧一发之际，为了车辆安全，副班长胡汝成不顾寒冷，急忙脱下皮大衣垫在车轮底下，其他同志也纷纷脱下皮衣，一件、两件、三件……皮衣不断被垫在车轮下，汽车终于爬上公路，脱离危险。驾驶员和旅客们都痛惜地说：皮衣弄脏了怎么办？道班同志们说：皮衣弄脏了还可以穿，如果出了事故，就不得了。还有一次，也是一个风雪交加的寒冬之夜，一辆客车滑进边沟，五道班同志得知后，前往救急。到现场一看，车上不少旅客冻得全身发抖。他们毅然从身上脱下皮大衣让旅客穿，旅客们不肯接，他们说："我们在山上习惯了，保证你们的安全是我们的责任，一定要穿。"有的旅客接过皮大衣，热泪夺眶而出。

20世纪80年代，雀儿山上道班工人的个人问题也让领导们着急。介绍对象时，有些姑娘听说男方在这么艰苦的地方上班，就会打起"退堂鼓"。有的小伙谈上对象了，有的谈婚论嫁了，但因为雀儿山有8个月的冰冻期，工人们上山之后，在这段时间都是最忙的，往往因此推迟自己的婚姻大事。当时的班长张教武的徒弟叫李一良，未婚妻一直在家等他回去结婚，但李一良上雀儿山后却怎么催都不下山，这下急坏了这位姑娘，她干脆上山来，和李一良在山上举办了婚礼。这高山上的婚礼在现在看来也特别有意义。

人们常说五道班工人们都有好妻子、贤内助，她们上山来，不但带来家的温暖，而且还直接走上"第一线"帮助丈夫。有一年的3月到5月，山上频频飘雪，有时一下就是好几天。曾常元是推雪机手，每天出门连续推雪，中午只能带点干粮。他的妻子上山看他，见他这么辛苦，于是就把饭做好，装在饭篮子里，盖得严严实实，能保证打开还是暖和的。她撑着推土机走，到了饭点总是能把热菜热饭送到丈夫手里。要知道，五道班负责的路段长达16公里，每天送饭，也要走很远。有这样的贤妻，曾常元干起活来劲头十足。

1984年3月的一天，解放军某团九连、十连的车辆和很多地方车辆一起，被堵在雀儿山上，车上有几位老同志产生了高原反应，呼吸困难、心脏几分钟就停跳两三下，随时都会有生命危险。五道班的同志听到消息后，把饭碗一撂，赶到现场，和解放军战士一起，将200多米的雪埂挖掉，迅速把几位老同志送下山。到了山下，老同志终于脱离了危险。一次，五道班的工人在挖雪过程中，突然挖出一个皮包，小伙子们打开皮包，里面有好几百元钱，还有1000公升的油票，里面的行车执照上，写着失主的名字和单位，原来失主是昌都运输公司的驾驶员。他们顺着车辆找过去，终于在一公里外找到了失主，当时他正急得团团转，没想到钱财失而复得，连声感谢。同年5月，雀儿山还是大雪纷飞，一辆货车在防雪棚处会车时，不小心冲进了内侧的水沟里，货厢和旁边的岩石靠在一起，想了很多办法都没能爬起来。随车从内地回昌都的年轻妈妈带着一个5岁的女儿，小女孩因严重缺氧已经休克。妈妈连忙背着女儿往五道班来，半路就遇上了前来帮忙的五道班工人们，于是他们分成两组，陈祥均和班长黄成德护送母女二人去道班，其他人到事故现场。母女二人到了道班，陈祥均和黄成德忙给小女孩输氧、喂药，并一直守护到午夜，小女孩睁开眼睛的那一刻，看到眼前年轻的面孔，也许是忘了自己在海拔将近5000米的道班，开口竟喊了一声"爸爸"，一直揪着心的妈妈在旁边终于破涕为笑。①

为了保证行车安全，经甘孜州人民政府批准，从1991年元旦起，对雀儿山（三班至六班）实行了冬季交通管制。参加管制的22名同志，不分昼夜，冒着−30℃的严寒，顶着风雪冰冻，放弃所有节假日，打冰推雪，排

---

① 谷雨，陈晓，江兰著：《噫，蜀道——从先秦石栈走入现代大交通》，中国工人出版社，1993年。

雀儿山五道班的工人正在推雪开路（陈勇/摄）

除路障，急救车辆，护送旅客，接待食宿，纠正违章。有的人冻感冒，有的脚手冻裂口，有的嘴脸发肿，但坚守岗位不下火线。这样的坚守一直持续到2017年雀儿山隧道通车。

　　近70年来，雀儿山五道班舍己为人的事迹数不胜数，他们从创建开始，历经几代人、17任班长，但"一不怕苦、二不怕死，顽强拼搏、甘当路石，军民一家、民族团结"的"两路"精神，却一代代传承和发扬。其中还有全国五一劳动奖章获得者"雪山铁人——陈德华"的故事，同样感人至深，本书将在下一章讲述他的故事。

　　2022年6月下旬，笔者来到离雀儿山不远的马尼干戈公路养护站，那天天气很好，明晃晃的阳光照在脸上，让我产生隐隐的刺痛感。养护站工人们在院子里等着我们。他们住的两层小楼，虽说比很早以前好多了，但里面还是显得逼仄。采访只好在院坝的太阳下进行。原来，这个养护站的大多数人，包括才参加工作不久的"90后"年轻职工，都有在雀儿山上班的经历。因为雀儿山隧道的通车，雀儿山上的三、四、五、六道班也都撤了下来。马尼干戈虽然也属于高海拔地区，但比起雀儿山来却要好很多。养护站的坝子里有口水井，工人们夏天可以用上自来水，冬天就只能吃这口井里的水，但井水总有一些味道。他们还在院坝的旁边建起了一个蔬菜大棚，里面的白菜、青菜、葱、蒜等长势很好。有了大棚，就解决了工人们平时吃新鲜蔬菜难的问题。

马尼干戈养护站的工人们向笔者讲述他们在雀儿山上的养路故事

　　明媚的阳光下，大家也聊起了在雀儿山上养路护路的往事。孙先华是1989年参加工作的。他记得有一次下很大的雪，黄成德带着他们去打冰，大家都徒步前进，雪钻进后脖子里，一片冰凉。有的路段他们是往下滑一段，然后休息一会又往下滑，没想到邵正全掉入了雪坑里，一下就全身陷了进去，大家赶紧刨雪，把他救出来，然后又继续打冰。孙先华说后来在六道班当班长时，有一件事情令人印象深刻。一次一辆载了9个人的小车在50公里道桩那里翻车了，孙先华和工友们正在道班里，听到远处有人喊"救命"，声音不大，但听得真切。孙先华和易新华赶紧骑上摩托车，就往出事地点赶。原来那辆车已经翻到了岩下，孙先华和易新华见一个受伤的老人说话还清楚，就把老人背到公路上来，老人还喊他们赶紧救其他人，他们又去救出一个女子，但等他们再过来看老人时，老人可能受了严重内伤，已经死了。孙先华他们又去救其他人。可惜这次事故中，只有3人被救活，其他6人包括驾驶员，全部遇难。由于当时雪很大，最后一个人的遗体在第二天才找到。

孙先华

黄成德

黄富高是1985年顶父亲黄高标的班到公路养护路总段工作的。他印象最深刻的一次是在雀儿山三道班的时候，他负责雀儿山的交通管制，正在山下指挥着车辆。按照规定，到了下午6点之后就不能放行，天色渐晚，过来的车辆也逐渐减少，黄富高心里也轻松了。天已经黑了，正在这时，突然过来一辆车，黄富高连忙拦住，并要求车辆返回。谁知道从车上下来两个人，一个冲过来就捂住黄富高的嘴，另一个就去抬档杆，然后开着车冲上山去，才把黄富高放开。黄富高又惊又怕，只好眼睁睁看着那辆车违反规定强行冲关上了山。

说起山上的艰苦，1984年就到雀儿山四道班的登巴达吉感到习以为常了。只是1986年那次，他是觉得真的辛苦。那年冬天，他和莫尚伟一起，开着推土机在山上推雪。山上的雪非常大，他们两个人一直干了三天三夜，基本没有休息，饿了就啃一点干粮，终于把雪推开，让堵着的车辆通行。他说，平时驾驶员和旅客，一遇到堵车就往道班走，到了道班，工人们就会给他们煮稀饭充饥。有时遇到一些不会挂链条的司机，他们也主动伸出援手，三两下就把链条挂上了，有时司机要给他们钱，他们马上就会拒绝。

登巴达吉

代康明

　　雀儿山上缺水的情形，代康明记忆犹新。在雀儿山上干了10年的代康明说，山上的工作，如补路、填坑、备料，在山下是很平常的事，但在山上干，困难就要成倍地增加。道班工人每天要带两把十字镐出去，山上的路常常在八九月份就冻住了，要挖开非常费劲，要等太阳出来很久才挖得动，十字镐经常都会挖卷。最苦恼的就是缺水，夏天山上下雨，可以接一点屋檐水，春、秋、冬三季，大多数时候就靠用雪融化成水，但这也是个苦活，一大桶雪融化后，只有薄薄的一层水，要好多桶雪才能烧上一壶水。有时，因积雪融化，边沟里会有很少量的水，这成为道班工人的一个水源。1996年，代康明去垭口的边沟里舀到一桶水，提着走回来，没想到在上游却赫然发现边沟畔有一些垃圾！这明显是路过的乘客丢弃的。他犹豫了好一会，还是没舍得把手里的水倒掉，提回了道班，大家嘻嘻哈哈地开了一通玩笑，还是把这桶水用掉了。1996年夏天，一个四五十岁的上海女司机开车到雀儿山垭口时，发生了堵车。女司机在山上待久了，产生了高原反应，昏了过去。代康明和布布、陈建华一起，背起她就抄小路往六道班去。到了六道班，女司机才慢慢醒过来。山上通车后，他们又送女司机上山去开车。1998年，在50公里道桩那里，山上的雪越下越大，终于垮下来，全部堵在公路上，长度大约有100米。代康明和宋文学两个人扛上工具，搭了一个车就往那边赶。两个人一直人工铲雪，直到凌晨四五点才干完，回到道班，全身像散架一样。

雀儿山上推雪开路（陈勇/摄）

　　黎平是"路三代"，现在是马尼干戈养护站的班长。爷爷黎仪群是"路一代"，黎平听爷爷讲过当年在雀儿山七道班背着枪养护公路的事。父亲黎云光在1978年顶替爷爷参加工作，在三道班上班，后来学了驾驶。黎平是1994年参加工作的，在雀儿山四道班、一道班、二道班都干过，在四道班就干了5年，其他人吃过的苦他都吃过，但让他印象深刻的事情却是在一道班的时候发生的。1998年通县油路工程开始进行，当时的沥青路面铺设工艺还不先进，黎平他们要将沥青熬化，然后把碎石准备好，用车拉着熬化的沥青进行浇洒。由于沥青的特性，需要快速地铺设路面，所以劳动强度很大，发现天可能下雨的话，还需要马上把路面盖上。晚上黎平和其他工友还要骑上摩托，打着手电，去修补坑洼。

　　马尼干戈养护工人中有两个年轻的"90后"，充满青春朝气的脸庞，在阳光下透出一分同龄人少有的坚毅。孙建是1990年生人，2014年参加工作时，就分到了雀儿山四道班，四道班虽然没有五道班的海拔那么高，可也有4600米。孙建上山之后就感觉头痛，过了很久才适应。山上没水，只能在边沟里舀水，再提回去，可是放一夜之后，桶里都是冰。对年轻人来说，最痛苦还是没有电，也没有手机信号、网络信号。

黎平

孙建（左）与李朝成

有一次，孙建很久没和家里联系，家里人还以为他失踪了。后来山上也安装了太阳能电池板，好不容易给手机充了电，但要节约着用。有时想家了，要打个电话，要爬到5000多米的山顶，才有微弱的信号。他在雀儿山待了两年多，隧道就打通了，他们也撤到了马尼干戈的70道班。孙建说，其实这里的冬天也很冷，有时早上醒来，枕头上都是冰，如果不注意，还会扯掉头发。作为"90后"，他也逐渐习惯了这样的生活。年龄最小的李朝成是1996年出生的，2014年参加工作，就分到雀儿山三道班，那时他刚18岁。这个年龄的年轻人，很多都还在父母的呵护下，过着衣来伸手、饭来张口的生活。李朝成却在条件艰苦的雀儿山待了下来。一开始，各方面都不适应，高海拔、缺电、没信号，让人感觉难

雀儿山五道班工人铲雪为货车开路（陈勇/摄）

受。三道班比四道班、五道班好一些的是有一个水池，吃水不成问题。经过一段时间，李朝成还是坚持了下来。一年春节期间，只有他一人留在道班里值班，想起温馨的家，李朝成心里非常难受，眼泪也不自觉地流下来。这个时候，他也想过辞职，但前辈们的事迹感动着他，看着越来越好的甘孜公路发展的前景，最终还是留在了养护站上。

在甘孜分局，谭定敏说起自己在雀儿山的经历时也十分感慨。49岁的他眼睛长了息肉，视力受到一定影响。他说，这是长期在雪地工作，强烈的光线刺激造成的。谭定敏是"路二代"，父亲谭德强在20世纪60年代参加工作，后来在川交二处工作，又调回养护总段，在69道班、卓达拉山道班、甘白路道班都工作过。1996年父亲退休后，谭定敏顶替父亲参加了工作，分在雀儿山四道班，和师兄莫尚伟一起跟着代吉兵开推土机。1997年冬天，大雪加上大风，雪雾弥漫，让人看不到前面的路，而公路上早已堆满了雪，他们就不停推雪。不过四道班的推土机状况不好，效率不高，谭定敏只好冒着风雪，走路到山顶的五道班，请陈德华开着推土机下来推雪。这次堵车时间很长，一直堵了8天7夜，才终于推开积雪通车了。

1998年冬，谭定敏在山上值班，一辆拉猪的车在山上抛锚了，可是司机还带着一个几岁的小孩，已经有了高原反应。谭定敏他们赶忙先把娃娃背到道班住下，等娃娃情况好转，才回去帮助司机脱困。一次，一个"打野车"（笔者注：非法运营车辆）拉了12个人上山来，却因速度过快撞在路边的挡墙上，死了5个人。四道班的工人闻讯之后，忙赶到现场，把伤员背往山下。还有一次，一辆汽车拉着很多鸡蛋上雀儿山，却翻到岩下，鸡蛋滚得到处都是。谭定敏和工友们去救人，发现山上的老鹰也来"凑热闹"。它们从空

谭定敏

中俯冲下来，抓起鸡蛋就往上飞。这时的鸡蛋已经冻成了冰疙瘩，老鹰抓不住，就会往下掉，鸡蛋掉在石头上弹起来老高，要是不注意，还会砸伤人。工友们只好一边注意着天上，一边慢慢靠近车辆，把伤者救了出来。谭定敏说："山上条件差，主要是太冷，早上起床，毛毯上就是一层霜，洗衣服时，把衣服提出来，一会就是个硬硬的"布壳"。长期吃不到新鲜蔬菜，没有菜吃只好用豆瓣下饭。有时可以请路过的司机带菜，但往往因路况或其他原因带不到。山上没电，只能点煤油灯、蜡烛和汽灯。20世纪90年代前，山上和外面联系主要是靠电报。有时哪个工友家里有事，电报送到道班后他便往回赶，但由于电报在路上的时间太长，等坐长途车赶回去时，事情都耽搁了。"

在折多塘养护站，我们见到了从雀儿山四道班、五道班等撤下来的几位工人——杨厚刚、郑良、杨朝向、根秋达吉。杨厚刚是雀儿山五道班的最后一任班长，大家都戏称他为"末代班长"。他从2008年一直干到2018年才从山上下来，整整干了10年时间。到了折多山下，这里的条件比雀儿山上好多了，至少用水非常方便，而且当时的工友还在一起，干起活来也是精神头十足。说起雀儿山上的艰苦，他们感慨万千，但可以感受得到，在离开了那份艰苦之后，他们把以前的经历作为人生重要

雀儿山四道班的工人在补路（陈勇/摄）

的历练，而他们的回忆里也带着一份轻松与自豪。那时已是中午，杨厚刚在厨房里忙了一阵，就端出几碗香喷喷的面来。杨厚刚腼腆地笑着说："这手艺是在雀儿山的道班里练出来的。那时遇到堵在山上的人，工友们也经常请他们吃这样的'道班面'呢！"

杨厚刚——雀儿山五道班最后一任班长（陈勇/摄）

在雀儿山上，他们缺电、缺水，只能用雪融化的水或从边沟里舀来的水，洗菜之后还要作为柴油推土机的水箱用水。晚上很冷，他们每晚只能睡着三四个小时，被子盖薄了不行，冷得受不了，盖得太厚，又像身上压着一块大石，呼吸困难。在山上要注意不能感冒，一旦感冒就得拖半个月以上。杨厚刚、郑良、杨朝向、根秋达吉都还记得，很多次汽车冲进雪沟里，他们就上去救援，有时发生了伤亡，他们还去帮忙背伤者或死者。据杨厚刚、郑良回忆，一个冬夜里，他们都已经上床睡觉了，这时突然跑来一个女子，说他们的大货车在往下滑，希望大家快过去帮忙。大家赶紧爬起来，冲到出事地点，原来是在"斗石门"那里，那个地方坡度大，平时就容易打滑，这辆大货车上面拉了一台挖掘机，再加上大雪，爬不上去，只有眼睁睁地看着车一点点往下滑。司机的妻子才赶忙跑到道班求助。好在道班工人们赶到时汽车已经止住了下滑，但还是十分危险。大家忙找石头垫车轮、铲雪，经过一阵忙活，总算让汽车脱困。司机以前是开大客车的，经常路过道班，与大家都认识。这次救援，让他们两口子感激涕零。2011年，一辆河南的货车开到四道班的门前，就再也不动了，杨朝向等人过去一看，司机已经昏倒在驾驶室里，口里吐着白沫。看到情况紧急，杨朝向忙开自己的车，把司机送到马尼干戈，给司机输上氧气，还买了吃的，等司机缓解了才离开。2012年冬天，一个年轻妈妈开了一辆小轿车准备去德格看望在那里上班的丈夫，并把几岁的孩子也带在车上。刚上山时，道班工人就提醒她，这个天气上山娃娃受不了，容易出问题，但女子态度很坚决，一直往上开。刚到三道班驻地，孩子就出现高原反应，脸色苍白，呼吸急促。这位妈妈吓坏了，赶紧把孩子抱到道班房里。经过吸氧，孩子脱离了危险，道班工人们又把母子二人护送下山。

说起雀儿山道班，工人们总有摆不完的龙门阵。对于杨厚刚他们这最后一届雀儿山五道班来说，更有太多的感触。他们还记得在雀儿山隧道通车时的情景。2017年9月26日，雀儿山隧道正式通车了，那天，五道

雀儿山五道班站好最后一班岗。由左往右分别为杨厚刚、万前军、杨旭明、方永胜、赖志明、刘珠琳、刘孝刚、郑良（陈勇/摄）

班班长杨厚刚和曾双全、赖志明、刘孝刚、刘珠琳、方永胜、万前君、杨旭明、郑良来到通车典礼的现场。这是一个大家都期盼着的日子，标志着国道317线打通了最为困难的路段。从此，雀儿山上的风雪、坍方、飞石等危险，再也不能堵住交通；从此，他们将告别缺水、缺电、缺网、缺蔬菜，冰天雪地里还要坚持打冰推雪那些艰难的日子；从此他们将不再在雀儿山上顶风冒雪为车辆开道，救助事故车和伤者……他们有对新开始的生活的期盼，也隐隐有一点对自己青春岁月流逝的失落感。

1995年，22岁的曾双全顶替退休的父亲，到九道班当养路工人。2017年雀儿山隧道通车时，他就工作21年了，而其中有17年是在雀儿山上度过的，还荣获过全国国防动员工作先进个人的荣誉。2001年，曾双全主动申请来到雀儿山五道班，仅用了40天，就学会了驾驶推土机推雪，而且还自学了修理。17年间，山上这条路哪里有坑洼，哪里有石头，他都记得清清楚楚。"鬼招手""燕子窝""石斗门""老虎嘴"这些危险的地方，他都非常熟悉。他和工友们一起，在风雪交加中保畅通，开着推土机救援发生事故的车辆，帮助过往的驾乘人员……雀儿山隧道通车前，他知道五道班将撤下来，山上道班房的东西将搬走时，便

曾双全（陈勇/摄）

五道班工人与荣誉墙合影（陈勇/摄）

邮电系统劳模其美多吉与同事在雀儿山隧道通车前一天来五道班看望职工（陈勇/摄）

来到五道班的荣誉室，看着一面面锦旗、一块块奖牌、一张张奖状，心里涌起了万般不舍。

雀儿山隧道通车那天，在参加完通车典礼后，杨厚刚带着班里的8位兄弟，摘来野花，来到张福林烈士的墓前，向以张福林为代表的烈士们鞠躬，告诉他们这个好消息，然后又赶回班里，上好最后一个班。他们整理路面，清理边沟，像以前那样一丝不苟。大家都默默地忙碌着。刘孝刚与杨绪明、郑良在路边用石块垒起了一座玛尼堆，祈愿路过雀儿山的车辆与行人都平安顺畅。9个人来到垭口，在那个围绕着无数祈福经幡，由德格县人民政府立起的"川藏第一高 川藏第一险 雀儿山6168米 此处5050米"的标牌前，合影留念。他们高高跃起，抒发着心中的豪情，脸上满是激动的泪水。

离开雀儿山之前，五道班的工人们在标牌前合影（杨厚刚/供图）

在采访雀儿山道班工人的过程中，大家不时会提起一个名字——莫尚伟。这位1990年就上雀儿山的"老资格"，和很多人都一起战斗过，所以工人们在讲起山上的故事时，总会提到他。一打听，莫尚伟就在瓦斯沟养护站当站长，于是笔者赶到了瓦斯沟。那天，他正带着工友们在清理路上的垃圾、整理边沟。我们坐在公路旁边一户人家的檐坎上，比较内向的莫尚伟向笔者谈起了他的雀儿山经历。

莫尚伟

莫尚伟的父亲莫怀胜是1972年参加工作的，在石渠养路段当驾驶员。由于条件艰苦，莫怀胜患上了黄疸性肝炎，但因医疗条件不好，一直当成感冒在医治，拖了半个多月就去世了。莫尚伟在父亲去世后，通过1988年的内招进了公路养护总段，开始分在错阿乡工作，后来又在68道班，1990年就到了雀儿山三道班跟着张教武学开推土机。张教武是党员，以前在五道班当过班长，那时已经快60岁了，教莫尚伟教得很耐心。张教武开着机子推雪，莫尚伟就在旁边仔细观看。第二年冬天，张教武就退休了。莫尚伟又跟着师兄代吉兵学开推土机。1995年冬，雀儿山大雪，雪积得比推土机还高，莫尚伟和代吉兵不停地把雪推到旁边，形成雪墙，张旭和黎平配合着，一直连续干了两天两夜，李钒负责煮饭送饭。2002年，一辆内地拉百货往涉藏地区的货车在经过翻山涵洞时，因司机过于紧张，处理不当，造成了翻车事故。车上一名搭车的19岁小伙子死了，司机受了重伤，莫尚伟与其他工友忙把司机救了出来，送往山下。同一年的冬天，莫尚伟在五道班上班。一天，他们见一辆雅安的东风车开过去，在"鬼招手"那里却刹不住，翻到下面的石头窝子里。司机和妻子两个人爬出驾驶室，站在悬崖边上，旁边是狂风怒号，他们吓得不敢移动半步。莫尚伟和工友们冲到上面，见此情形，忙丢下绳子，先把司机夫妻俩拉上来。获救时，司机夫妻已经吓得全身瘫软了。工友们忙把车上的粮食卸下，然后再用推土机把车拉到路面上。司机夫妇在道班休息，修好车后，等风雪稍小，这才离开。这样的事情还有很多，前面莫尚伟和根秋达吉一起推雪三天三夜的事，他也没想起来。莫尚伟说，他觉得这些事情都很相似，肯定记不住那么多，自己是道班工人，见到车辆事故，肯定会第一时间出现在那里，并伸出援手的。

莫尚伟的妻子黎兴玉是黎平的妹妹，也是道班工人。1996年，莫尚伟还在四道班时，就申请把妻子也调到了四道班，两人在山上相互照顾，共同战严寒。并肩斗风雪，一晃就近30年，一直到雀儿山隧道通车。莫尚伟提起自己的家庭，觉得最对不起的是女儿。他们两口子都在雀儿山上，女儿就只能靠奶奶照看，一年也见不到几次面，就更别说辅导学习了。好在女儿很争气，考上了在重庆的西南大学。莫尚伟说，现在母亲也80多岁了，去年还患了脑梗，家里无人照顾，只好把母亲接到瓦斯沟道班，和自己住在一起，每天要给老人煮饭、洗衣。而岳父母、岳祖母远在乐至县，妻子退休后就回去护理3位老人了。

2022年10月，在巴塘分局，我们见到了得荣分局的工程主办雷元成，当时他正好在巴塘出差，聊起雀儿山，他的话匣子也打开了。雷元成是"路二代"，父亲雷国泰1956年在湖南参军，还在天安门站过岗。20世纪60年代，雷国泰分配在甘孜公路养护总段，在折多山27道班工作了16年，后来到新都桥和高尔寺的道班，1984年因病退休。雷元成还记得父亲年轻时身体很好，经常在冬天里光着膀子，只穿个背心挖土铺路，救援遇到困难的驾乘人员。

1989年从绵阳三台初中毕业的雷元成顶替父亲进了甘孜公路养护总段，在雅江剪子弯山90K道班工作了7年。工作的第三年，他就当上了测计员，在参与一些工程后，暗暗下定决心要学习工程建设知识，并在1996年参加了道路与桥梁的中专班学习。2002年，他在甘孜甘孜州公路局工程办工作，2009年参加了重庆交通大学的大专道路桥梁专业函授学习。平时繁重工作之余，他在煤油灯下刻苦钻研，终于通过论文

雷元成

答辩，取得了大专文凭。2008年，他被调到德格县任工程主办，正好赶上雀儿山道路改建，那时的雀儿山道路很差，急需降坡、提线、加宽、修铅丝笼挡土墙等。雷元成说，当时他来到雀儿山上，拎起二锤砸石头，干几分钟就要歇一下，在雀儿山六道班住了一个星期。2013年3月，雀儿山上大雪纷飞，很快就在路上堆上了50多厘米厚的积雪，一辆大货车滑进了边沟。参与公路改造的工人们毅然把外衣脱下，垫在车轮下，一件不行，另一件又递过来，货车终于从边沟里爬出来，司机和老婆满怀感激，跪在雪地上连声说谢谢，大家忙扶起他们。到了晚上，雪越下越大，"鬼招手"那里发生了雪崩，大车都堵在路上，准备推雪的推土机也开不上去，雷元成他们只好在冰冷的皮卡车上坐了一夜，第二天一早走路到五道班，请五道班的工人们赶过来一起人工铲雪，忙活了很久才铲出车道，终于通车。被堵在山上的货车司机们高兴极了，经过工人们身旁，都摇下车窗，向他们挥手致意。

在本书的写作中，一个偶然的机会，原在四川省地质局物探队工作、后任四川电视台记者的谭勇向笔者说起，自己的亲家就是甘孜公路人的后代。经过了解才知道，20世纪六七十年代，谭勇的父亲谭长明和大哥谭明中都在位于康定二道桥的108地质队工作，谭明中还开过解放牌油槽车。那时地质队的车辆经常在国道317线和318线上往返，在遇到困难的时候，得到过雀儿山和沿线其他道班工人的多次帮助。机缘巧合的是，20世纪50年代雀儿山五道班的推雪机手、后来做汽车教练的唐宏澄的孙女，就嫁给了谭长明的孙儿，成就了一段佳话。

成都摄影家肖春特别喜欢和朋友们一起自驾到拉萨，国道317线和318线沿线的美丽风光让他们陶醉，他们拍下了许多让人惊叹的风景照。21世纪初的一个秋天，他驾驶一辆吉普车和另外两辆车一起，从317线到拉萨。肖春在前面行驶，在通过雀儿山路段不久，突然对讲机里传来最后一辆车呼救的声音，他们前面两车连忙往后面看，只见后面那辆车已翻到坡下，幸好里面的人只受了点轻伤，但汽车却没办法拉上来。他们尝试了半天，一筹莫展。正在这时，附近道班的工人开着推土机过来了，原来是过往的汽车司机告诉了道班。道班的同志把钢丝绳套好之后，用推土机把汽车拽到公路上。肖春他们连声感谢，拿出900元钱，要塞给道班工人，但他们却硬是不要，说这是他们应该做的，然后转身离去。肖春和同伴都感动得流下热泪。经过20年，肖春在说起这件事时说："当时道班的同志转身就走了，我居然连他们是哪个道班的都忘了问了，真是遗憾。"

肖春还说起另一件让他非常难忘的事。一次，他从西藏返回，路过折多山，当时正值冬天，雪非常大，他的车没有挂防滑链，在铺满雪的公路上小心翼翼地行驶。在离折多塘还有几公里的地方，前面一辆车突然刹车，肖春也跟着刹车，没想到自己的吉普车不受控制，在原地连续转了几圈，就一头扎进了边沟，虽然人没受伤，但车却怎么都爬不起来。肖春正下车查看情况，从上面的公路上便走下来两个扛着工具的道班工人，他们是才从山上除雪回来的，看上去满脸疲惫。看到肖春的车这个情况，道班工人忙招呼堵在路上的人都来帮忙，还摸出自己身上带的苹果给肖春吃。一会儿一群人都走过来，大家喊着号子，一起努力，还是没把车拽起来。后来，在其他人的帮助下，请来了吊车，才把肖春的吉普车从边沟里吊了出来。肖春说，自己很久没有跑康藏高原了，回想起这些事，虽有发生事故时的恐惧，但受到甘孜公路人的帮助，心里还是暖洋洋的。他从内心里感谢这些甘孜公路人。

忠烈桥边祭英魂

　　在人民解放军进军西藏的路上，有许许多多的英烈献出了自己年轻的生命，不少人甚至连名字都没有留下。我们只能从川藏线上的遗迹，

已经停用的忠烈桥

来凭吊他们立下的不朽功勋。

1950年8月，康甘段的改建进入最紧张的阶段，十八军工兵十二团来到道孚的鲜水河边，开始架桥。鲜水河河面宽，水量大，水流速很快，最大洪水流速达6.8米/秒，枯水流速也有2.3米/秒，最大洪水流量1663立方米/秒，枯水流量174立方米/秒，架桥的难度非常大，但战士们克服困难努力架桥。那时的木材运输很多时候靠水运，砍伐的木材顺水冲下来，由于架桥的地方水流较缓，又有桥墩阻挡，大量木材到了这里就越积越多，形成了高垛。为了排险，战士们钩木拆垛。这时，"木垛却轰然溃泄，上万吨的原木以排山倒海之势伴着激流冲压下来，11名战士当场牺牲。此后，这座道孚附近的桥便取名忠烈桥"①。

战士们强忍着失去战友的悲痛，用了两个月的时间，终于架好了木便桥（忠烈桥），部队的物资能顺利通过。原有的10吨渡船就停放备用。为了做好两手准备，1952年建有渡口卸货渡船，1953年新建了小渡船一艘。同年7月3日，河水暴涨；7月5日，鲜水河上游冲下的木料长达十余米，无法截护，木料猛烈撞击忠烈桥，将忠烈桥全部冲毁。道孚养路段当即抽调渡工及普工40余名，赶装渡口设备，采用"击流渡"的方法，7月9日上午试渡成功，10日起正式开渡，转运军用物资，渡运轻重车辆及来往行人。开始每日渡运五六次，逐渐渡至12次。7月20日下午5时半，由于河水逐渐上涨，渡运困难，随

朱定全参加北京团代会的老照片（朱定全/供图）

① 高平著：《修筑川藏公路亲历记》，中国藏学出版社，2001年。

即停渡，至7月25日河水下降，才重新开渡。但是，由于当时的物资太多，在场的部分人员缺乏安全意识，要求多运物资，渡工程登祥曾提出意见，但被忽视，无法制止。当时，道孚段副段长张竞成也上了船。渡船刚离岸10余米，随即发生倾斜进水，人和物资跌落水中，酿成重大事故。除掌舵船工和部分乘客被救起外，共有15人在这次事故中遇难，其中就包括了张竞成。

这一重大事故后，立即赶建木桩排架简支梁木便桥，于1953年12月31日竣工，全长75米，共11孔。这座桥一直使用了近7年时间。1960年3月15日由国道管理局桥工队正式开工改建，12月15日竣工。上部构造采用豪式桁构下承式木面桥，下部构造为条石浆砌台、墩。这座桥分3孔，全长82.80米，净宽4.50米，全宽7.50米（包括人行道）。2022年7月，在大邑干休所，老职工朱定全讲起了他参加忠烈桥改建的情况。86岁的朱定全在1951年就参与了修建成渝线，1954年又到宜西线，1957年修建东巴公路时，才被调到甘孜州来。朱定全是石工，在东巴公路时参与了多座桥梁的修建。回忆起忠烈桥改建时的情形。他说，印象最深的就是

忠烈桥的桥栏杆上"忠烈桥"几个字还能辨认，旁边就是新建的钢筋混凝土大桥

修桥墩，先要在桥的上游一点的河段，用麻袋装上泥沙，垒成围坝，把水挡开，然后赶紧抽水。垒麻袋最辛苦，先要在岸边烧起熊熊大火，两人分为一组，都脱了衣服、裤子，抱着麻袋下水去，把麻袋垒起来。在冰冷的水中泡久了，人冻得受不了，就要赶紧上岸，在大火旁烤一会，等身体暖和，有酒就喝一大口酒，轮换着进行。围坝里面的水抽得差不多了，就开始砌桥墩的石头，把桥墩砌到高过河面，大家就可以松口气了。经过近一年的战斗，半永久性的忠烈桥改建工程终于完工。

　　1965年，四川省交通厅公路工程局一处二队再次对忠烈桥进行了改建，建为永久性桥梁。上部构造为钢筋混凝土T型梁，条石浆砌石桥台、桥墩，并将桥台、桥墩、台帽进行了改造。因为这座桥在川藏北线中具有十分重要的意义，所以在很长时间里由甘孜公路养护总段派人守护。

施双林回忆当年守桥的情况

　　2022年6月，道孚公路分局的职工施双林站在忠烈桥边，向我们讲述当年在桥边站岗的故事。1965年改建的忠烈桥现在已经没有使用了，代之从一座巨大的钢筋混凝土大桥。在已经停用的忠烈桥栏杆上，还能看到忠烈桥和四川省交通厅公路工程局一处二队的字样。施双林大约是在20世纪70年代末承担守桥任务的。他说，那时由于这座桥的特殊性，他们要在桥两边拦车，每次只许一辆车上桥行驶，而且车速不能太快。就连行人骑自行车，也要下车推行。守桥的工人还配发了步枪，按时站岗换岗。1982年10月的一天晚上，守桥工人文安仁在西岸的木制岗亭里站岗。凌晨2点，一辆昌都的大货车因未被允许通过，在桥头掉头，没想到车尾一甩就把岗亭连同文安仁一起，撞到河里。鲜水河波涛滚滚，连人带岗亭一下就冲得很远，文安仁不幸殉职。当时是凌晨，不但大货车没注意到，在守桥房里休息的工友也没人注意到。天亮后，工友们根据现场的痕迹推断文安仁可能被撞下河了，于是拼命寻找。过了一星期，文安仁的遗体才在下游的一个河湾里被找到。

事件发生40年后，文安仁的儿子根曲（汉名：文康伶）说起父亲还是满怀悲痛。文安仁是泸定人，新中国成立前，当过奴隶，还和母亲一起在茶马古道背过茶叶，家里有五兄妹。20世纪50年代，文安仁参加工作，分在38道班，经常要去买米。那时的他很年轻，长得非常魁梧，200斤的大米背在肩上，从八美走到道班所在地少乌寺，16里路一点也不觉得累。藏族姑娘仲科看上了他，暗生情愫。每次文安仁路过门前，仲科都要请他喝茶。一来二去，两人产生了感情，这段如同《康定情歌》中"李家溜溜的大姐，看上溜溜的他"的浪漫爱情，也开出了绚丽的花朵。他们走到了一起，组成了幸福的家庭。国道管理局成立桥工队后，文安仁也调了过去。在一次施工中，他的左腿受伤，后来残疾。单位叫他休息，他却觉得闲着拿工资过意不去，于是主动申请到37道班喂马，

根曲回忆起父亲，仍满怀悲痛

把道班里的两匹马侍弄得膘肥体壮。为帮道班的弟兄们改善伙食，他还喂起了猪。1978年，文安仁被调到40道班，负责安置公里桩，才干一年多，就调到了忠烈桥守桥。在守桥的近4年时间里，文安仁都兢

兢兢业业，按照守桥的规定认真执行，可是谁都没想到会发生这样的意外事件。根曲说直到现在他都觉得好像冥冥中有所预兆一样。他说那时他刚17岁，正读初三，父亲殉职的前一天中午，给学校打来个电话。根曲接到电话，就听父亲说，要他好好照顾妈妈和妹妹。根曲也觉得奇怪，平时父亲都很忙，哪有时间打电话呢？但当时母亲患上了食道癌，父亲打电话叮嘱他也是正常的，可是他没想到，第二天他就和父亲天人永隔了。考虑到他家的具体情况，甘孜公路养护总段同意根曲顶班，在39道班上班。国家培养少数民族干部，推荐根曲去考南充工程学院，但他没有考上，后来考上了成都卫校，还在总段当了两年医生。之后，他又被调到路政干了七八年，最后还是回到了公路系统，在几条公路工程中从事管理工作。

根曲说母亲仲科在父亲殉职后非常悲痛。为了离丈夫近一点，她把丈夫安葬在八美镇的河对面，每逢清明等节日都会去上坟。当时他们的6个孩子已经长大，她也没有再改嫁。2008年汶川地震时，仲科还把自己一个月190元的生活费捐给灾区人民。根曲的二姐2022年就61岁了，在家照顾母亲，一直没有结婚。

2022年10月，笔者在理塘公路分局局长陈波的带领下，来到离县城不远的江水桥，只见原来的老桥还稳稳地立在河中，只是很少通车，对面已经有一座钢筋混凝土大桥，承载着国道318线的通行功能。站在桥上，笔者放眼望去，蓝天深邃，白云袅娜，四周的草原广袤，成群的牦牛在草原上安静地吃草，桥下河水奔流，仿佛在诉说过去的故事。在新桥的旁边，立着汉白玉石碑，从碑文上，笔者了解到这座桥的过去。

1950年6月，十八军第五十三师理塘兵站指导员朱江水为了解决部队和老百姓出行困难的问题，率领工程兵到大河边修桥。就在大桥即将建成时，朱江水遭到理塘毛垭土司3个手下的暗杀，壮烈牺牲。凶犯抓到后，受到惩处。地方政府命令毛垭土司负责修桥。为了纪念朱江水烈士，这座桥被命名为江水桥。它和道孚鲜水河的忠烈桥一样，也是一座忠烈桥。在前一天，笔者在无量河大桥停用的道班旁，看到一座旧坟，碑上写着"李子云烈士之墓"。理塘公路分局的人说，这也是一位解放军烈士，在修无量河大桥时牺牲的，但翻阅了地方志等各种资料也找寻不到相关记载。西藏境内，还有一座怒江大桥，在修筑川藏线时，一个解放军战士牺牲在那里，现在从老桥旁边经过的车辆，都要鸣笛向烈士致敬……这些大桥就像一座座丰碑，镌刻着当年烈士们的功绩，让后人永远铭记，永远感恩。

雅江大桥的接力养护

2022年10月，笔者沿着国道318线采访。路过雅江县时，看到公路下湍急的雅砻江上，横跨着一座大桥，这就是原来建设东巴路时搭建的雅砻江大桥，大家都叫它雅江大桥。这座桥对川藏南线的意义非常重大。

原来，在民国以前，从康定出发，到西藏拉萨，其中很重要的一条路是走康南，即从雅江、理塘、义敦、巴塘等县西进。到雅江之后，就会遇到雅砻江挡路，只能乘坐当地藏胞的牛皮船渡河。这个渡口旧称河口，因其水势险恶，又叫"阎王渡"，是康南交通的最大关隘。雅砻江水势汹涌，东岸悬岩陡壁，西岸虽有狭窄台地，但河岸高陡，地势险要。当时的牛皮船很小，只能乘坐4人，如果还携带了货物或较大的行李，就会占据更多空间。有时渡河的人多，后面的人往往要等上一两天时间。雅砻江水量大和流速快，雅江地段更是浪大涛猛，牛皮船抗风浪的能力弱，船倾人亡的事情时有发生。乘客骑乘的马匹等，只能赶下河，任其游过河去，却常被水冲走淹死。康熙五十八年（1719年）岳钟琪西征，于雅砻江边城厢村设渡口，称为中渡。

清朝末年，川滇边务大臣赵尔丰为了稳定康南局势，实行改土归流，在中渡建河口县，并从雅州（今雅安）招募水手20名和大批木工在此当差，打造木船，船身长6余丈，宽8尺，前篙后橹3桡桨，能载五六十人，或载货五六十驮（每驮75斤），或载骡马二三十匹。赵尔丰为了命其子孙永操此业、永居于此，还将距离县城10公里的脚泥堡村的所有土地，划归20户水手耕种或出租，作为水手的俸禄地，但是仍苦于雅江交通不便，很难运送兵力与物资，于是有了在这里修桥的打算。然而那时的中国国内没有造钢索吊桥的技术，于是赵尔丰在宣统元年（1909年），与比利时华法公司签订修建雅砻江钢索吊桥的合同，华法公司派工程师盖西等2人前来主持施工。经历了3年的千辛万苦，雅江钢索人行吊桥基本完成，桥跨约140米。还没等到桥正式开通，辛亥革命爆发，清政府被推翻，赵尔丰和他的继任人——代理川滇边务大臣傅华封，来不及为桥剪彩，便下台了。直到民国2年（1913年），四川都督兼川边镇抚使尹昌衡率兵西征，途经雅江，当地官绅请尹昌衡为桥命名并剪彩。尹昌衡根据自己西征的目的，给这座桥命名为"平西桥"，并撰一联"劈开两岸奇峰，凭他飞起；锁定一江秋水，迓我归来"，可谓豪气干云。他命随军参赞、四川有名的书法家华阳颜楷将此联书写于河西的桥塔

雅江大桥

上。然而，这座桥才使用了两年，乡城驻军营长陈步三借口旅长稽廉克扣军饷，将稽杀害，率叛兵数百人前往康定。过雅江时，怕驻地理塘的团长陈遐龄率兵来追，就将桥拆毁。这招"过河拆桥"让耗银45500两建成的吊桥毁于一旦，百姓的膏血付之东流。

　　1954年冬，甘孜州人民政府决定在平西桥原址重新修建钢索吊桥。1955年初雅江县人民政府委派有关人员与州交通局陈建逵等人组成雅江大桥建桥委员会，备料施工。不久，因东巴公路即将修建而停工。东巴公路开建后，雅江大桥由中央三处桥工队负责施工，1957年2月21日开工，同年12月1日正式通车，12月10日扫尾工程全部竣工。这是一座长126.05米，宽7米，载重20吨的石墩木结构上部构造大型桥。这座木结构的大桥成为连接东巴公路的重要枢纽，但这样的木结构桥梁的耐久性并不强。1962年，四川省交通厅公路局第一工程局开始在原址拆除木架，升高桥墩，改建为永久式钢架桥。主桥全长121.7米，宽9米（含人行道），高24.6米，共4跨，3跨为钢架钢筋混凝土桥，1跨为钢筋混凝土"T"型梁结构。远远望去，大桥桥体蔚为壮观，于1966年5月全面竣工通车。①

2022年10月，王世友在泸定的家里

　　2022年10月，86岁的王世友老人在泸定分局职工宿舍向我们讲述了雅江大桥被改善为钢架桥的情形。1964年，王世友在泸定养桥所工作，被抽调到雅江大桥，负责吊装钢梁。他说，为了保证施工质量，四川省交通厅公路局还从北京邀请了10位曾经参与修建人民大会堂的工人师傅，主要负责施工中的

---

① 雅江县志编纂委员会编著：《雅江县志》，巴蜀书社，2000年。

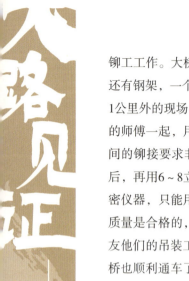

铆工工作。大桥有70多根大梁，55根正梁，正梁很重，一根就重18吨，还有钢架，一个就重4吨半。施工前，先要把钢梁、钢架从堆放场地运到1公里外的现场，抬钢架要16个人。王世友和彭素良、朱忠秀还有个姓邱的师傅一起，用卷扬机配合手动葫芦、蝴蝶扣进行吊装。钢梁、钢架之间的铆接要求非常高，要用4厘米的铆钉，在炉火里烧得通红，铆进去后，再用6～8立方的空压机捶打。铆好之后，要仔细检查。那时没有精密仪器，只能用土办法，就是用锤子敲打，如发出清脆的钢声，就说明质量是合格的，要是敲打时发出破笋壳的声音，就要拆掉重新来。王世友他们的吊装工作干了40多天，终于完成了吊装任务。改善后的雅江大桥也顺利通车了。20世纪六七十年代，王世友负责了雅江大桥的养护工作，每年都要检查、更新车道板、下沉板。由于河里的水汽重，桥下的钢梁容易生锈，常常会结出拳头大小的锈块，王世友和工友们要负责除锈，铲掉这些锈块后涂上磁漆，再刷一层防锈丹。

1965年，赖正荣也被抽调到雅江大桥参加修建。他当时是工区负责人，在修建桥墩时，要把石头装船运过去。一次，赖正荣和几名工人抬着一块大石头上船，赖正荣走在前面，刚上船，船却往旁边晃动，后边的工人站立不稳，一下扑了上来，赖正荣的腰突然就承受了很大的重量，被压伤了，后来检查，发现是二三脊椎压缩性断裂。一直到退休后，赖正荣的腰也经常会疼痛。

雅江大桥改善后，国道318线这一段的交通更加通畅。但是，由于雅砻江巨大的水量，惊涛骇浪的不断冲刷，对该桥的桥墩产生了很大影响。20世纪80年代初的一个夏天，由于雅砻江上游下暴雨，造成江水暴涨，木排被江流冲下，撞到了桥墩上，桥墩出现了倾斜，桥墩上的石头也被撞出来，如果不及时处理，将会发生更大

赖正荣在1967年的照片（赖正荣供图）

的险情。当时的总段领导王若汉、张邦尧也赶到现场指挥。因为这次险情是木排造成的，通过交涉，木排所属单位同意出钱解决。经过技术人员研究，决定先试用钢丝绳箍住桥墩的办法，但是试了几次，这个办法行不通。那时桥工队朱定全也在现场，长期架桥、修桥的他查看了桥墩的受损情况，提出了在桥墩上打"牛鼻子"加固的办法，得到了认可。但是河水很猛，根本无法搭建脚手架，桥墩上也没有立足的地方。朱定全和工人们想办法，用两根钢丝绳吊着木板放下去，工人们身上绑上一根安全绳，站在木板上，从桥墩下面打眼，再砌石头进行加固。施工时，波涛猛烈地拍打着桥墩，发出巨大的声响，往下一看会觉得头晕目眩。朱定全稳住身子，在受损的桥墩处紧张施工，终于完成了桥墩加固任务。朱定全因为工作表现好，担任了总段团委组织委员，还光荣地参加了共青团全国第九次代表大会，见到了毛主席、周总理等中央领导，那年他才28岁。后来，朱定全担任了总段工程队的机关党支部书记。

20世纪90年代，朱定全（右）和同事的合影（朱定全供图）

现任康定分局办公室主任的何康明于1993年被调往雅江大桥守桥班担任班长。由于该桥的重要性，当时的守桥班有12人，后来减为8人。那时他们身穿路政制服，在桥两端设置警戒区，警戒区内行人不能逗留，还配发了两支冲锋枪，守护雅江大桥的安全。雅江大桥是钢结构的，桥墩和钢架之间有轴承，为防止轴承生锈，要一个季度去打一次黄油。何康明说，平时守桥班的同志都很认真，除了有序放行车辆外，还要注意桥两端的卫生，每天都要派人打扫。最担心的就是汛期，只要涨大水，从上游冲下来的木料就会撞击桥墩。守桥班的人发现水涨起来之后，就要随时监控。夜深时，洪水的隆隆声伴随着木料被撞断的咔嚓巨响，让夜晚站岗的工友心惊，也让睡在床上的人无法入眠。大家都害怕撞击让桥墩垮塌，从而导致桥体散架。好在桥梁质量很好，扛住了一次又一次洪水的冲击。天一亮，守桥班的人就要赶紧对大桥进行检查，发现问题及时上报。那时，每隔两三年就要对雅江大桥进行定期维护。

1998年雅江发生特大洪涝灾害，河水上涨非常快，从剪子弯山到县城十多公里的公路多处被冲断，而且在雅江大桥附近的公路也面临被水冲毁的危险。当时，雅江县的路段还属于新都桥养路段管理，险情就是命令，段领导率10多名精干力量赶赴雅江，开始了抢险。2022年6月，时任道孚分局局长的万学高讲述起这次抢险时还激动不已。他当时还是新都桥养路段办公室主任，他们一行赶到出现险情的路段之后，见洪水汹涌，像猛兽一样不断冲刷和"啃噬"路基，公路危在旦夕。工友们在上游投下石头，试图把水挡开，护住公路，但大石头投进水里，却被激流冲走，无法沉积在河底。关键时候，领导喊了一声"共产党员先上"，但是现场的同志不管是不是党员，都抱着一块大石头，扑通扑通地跳进河里，拼命垒起来一道石墙。他们24小时没睡过觉，直到把凶悍的洪水

万学高激动地讲述雅江抢险的情形

挡开，终于保住了公路，这才松口气。万学高说，他跳到江里时，边干边流泪，为这群不怕牺牲的公路人的崇高精神而感动。

完成抢险任务没多久，就在满身疲惫的养护工们正在吃饭的时候，突然传来一个消

息，通往雅江的隧道中段发生坍方，造成隧道里面的汽车燃烧，一个孩子被烧死。上级要求养路工人赶紧进去打炮眼和推土，争取早点抢通隧道。大家马上把饭碗一放，就准备往隧道赶。因为隧道里面坍方加上火灾，危险性非常大，领导要求进去的同志都写下遗书。这些同志神情凝重地写好遗书，把手表放在被子下，交代了后事，就义无反顾地往隧道进发。推土机手肖建军开着推土机进到隧道。刚开始工作，顶上就掉石头，打在机器上发出恐怖的声响，肖建军连忙加大油门冲出一段，这才脱离险境。经过大家齐心协力的抢险，终于清理了坍方，把燃烧的汽车拖出隧道，排除了险情。

巾帼青春绽芳华

　　驰骋在"此生必驾"的国道318线或"此生必去"的国道317线，沿途的自然风光和人文景点令人目不暇接，在欣赏风景的惬意中，很少有游客会注意到脚下的公路，更不会注意偶尔从窗外一掠而过的养护站。只有当途中公路出现险情，或汽车堵在路上时，心急如焚的人们才会一下看到，甘孜公路人是那么迅速地出现在现场，那么奋不顾身地排除险情，保证道路畅通，那么温暖地对待遇到困难的驾乘人员。那一个个养护站，就像家一般的温暖，养护站的工人也像亲人般亲切……在这些橘红色的队伍里，不乏女同志的身影，她们不但要担负着和男同志差不多繁重的工作，还有着多个身份——父母的女儿、公婆的儿媳、丈夫的妻子、儿女的母亲，但是，穿上了这身橘红色的工装，就能扛起养路护路的千钧重任。就像格桑花一样，她们美丽而又坚强，在高原的阳光下怒放。

　　人们翻越折多山时，由于车流量大，山高路陡，容易发生堵车。看着盘山公路上排得像长龙一样汽车，大家心里发怵，不知什么时候才能通车。好在沿途都有养护站的人在维持秩序，经过一段时间的等待，路终于通了。但有时遇上大雪封山，就会堵很长时间，司机们在这个时候都会叫苦不迭。

天路见证——川藏公路甘孜段『两路』精神传承史

泸定分局职工冒雨在国道318线上抢险（陈勇/摄）

　　2019年冬天，天下着大雪，折多山上的积雪有一尺多厚，甘孜州公路管理局党委副书记冯艳和宣教法规科科长杨宪蓉一起出差回来，乘车翻越折多山回康定。因川藏铁路的折多山隧道建设正如火如荼，加上国道318线折多山路段的加宽改善工程也在进行，各种装载机、挖掘机、拉运材料的大货车等，在半山腰挤得满满当当，路上的其他车辆更是动弹不得。从上午一直等到下午4点多，汽车长龙还是一动不动。冯艳打了好多电话，但都联系不上隧道工程上的人。于是她一咬牙，决定走下山去。在山上堵了这么久，没有吃一点东西，又冷又饿，然而冯艳和杨宪蓉还是坚定地出发了。她们踩着公路边齐膝深的白雪，慢慢向前走，雪把脚上的鞋打湿，冷得刺骨，不注意就会摔倒。十多公里的路，她们走了几个小时，天色黑下来时，终于来到了隧道工程处。不顾冻饿，她们赶紧先打电话，协调交警指挥交通，派推土机推雪，帮助司机们挪动堵死的车辆，又经过数小时奋战，道路终于畅通了。

　　在折多山加宽改善工程中，冯艳也经常顶风冒雪，亲临施工一线指挥。在甘孜公路女职工的身上，这样硬朗、顽强的工作作风，就是前辈

折多山除雪（陈勇/摄）

"两路"精神的延续。

　　泸定分局的陈文蓉，75岁，虽然看上去瘦小，但她的眼神却透着坚定。陈文蓉曾是泸定18道班的班长，当时的18道班绝大多数工人是女同志，也被人们称为"女子道班"。陈文蓉是乐山人，1966年成昆铁路还在修建期间，就参加了配套公路的修建。那年，她才19岁。工程结束后，她就被分配到甘孜州泸定县养路段，后又去峨眉学习了一年，1969年才到泸定大河沟道班，之后到了安乐坝18道班担任班长。陈文蓉说，那时要铺设沥青路，早上开工后，就要把三四百斤的沥青桶搬到垒好的几块石头上，然后烧起火把沥青融化。几个女工费很大的力气才能搬动，干起活来比起男同志更多了一份辛苦。女工杨素琼怀着孩子，仍然来搬沥青，大家都劝她不要搬，免得动了胎气，但杨素琼却连说没事，和大家一起使力。沥青融化之后，全被搬到一个"架架车"上，车下面仍要烧着火，以防沥青再次凝固。此时，就要一个人站在车上，用一个瓢把沥青舀出来洒在公路上。那时的灌入式沥青路面容易起坑凼，要及时发现并用石头填上。太阳大了，沥青路面会变软，车子一过，路面会被扯烂，她们常常要步行10多公里处理路面。夏天时，太阳晒得脸上和身上发烫，大家经常累得倒在地上，休息一阵之后，又继续干。下雨的时候，不管雨再大，值班的女工也要去巡查线路，查看有无坍方等情况发生。说起自己的工友们，陈文蓉满是自豪。她说，18道班的女同志们都是个顶个的强，干活时，撬石头、打炮眼、放炮都没问题。以前都是周贵秀放炮，后来有一次轮到黄学成放，但那天黄学成的情绪不好，陈文蓉怕出问题，于是决定自己来放。为了

原泸定18道班的班长陈文蓉

安全起见，她把导火索留长了一些，鼓起勇气，点燃了就往回跑。随着一声巨响，她的第一炮成功了。

　　国道318线泸定段的烂柴湾经常发生垮塌，遇到泥石流，就会造成公路堵塞，泥石流也会直接冲到下面的大渡河里。只要听到烂柴湾的险情，陈文蓉就马上带领工友们赶过去，用推土机推，人工挖，在最短的时间把道路疏通。每当这个时候，泸定养路段上的同志也会赶来帮忙。令陈文蓉记忆深刻的是，20世纪80年代，一位国家领导人要经过泸定，但此时烂柴湾却突然坍方，陈文蓉立马向上级报告，并组织道班工人全部赶往现场。她正在前面走，也没看旁边，这时一块大石头从高处滚下，把她后面的工友吓呆了。工友忙喊："快点跑，有石头！"陈文蓉条件反射地赶紧往前跑了几步，大石头从身后几米远的地方滚过。还有一次，烂柴湾发生泥石流，公路断了，道班女工刘定玉在清理坍方时，从坡上滚了下去，幸好当时被拉起来了。但是1986年，道班的工人们坐苏元青开的车去工地，刘定玉坐在驾驶室，要去更远的地方拉材料。坐在车厢的同志在中途就下了车，没想到车开到胡家沟时，发生了翻车事故，驾驶员苏元青和刘定玉都殉职了。陈文蓉讲到这里眼里含着泪花。这时她想起了自己的丈夫胡明全。胡明全是泸定养路段的驾驶员，1986

年11月28日那天，要开车送退休职工去犍为。当时二郎山上的雪很大，路上已经起了"桐油凌"，到了木叶棚道班时，车轮打滑，车上的人都往下跳，胡明全却因这是台新车，舍不得放弃，还在拼命扳着方向盘，想把车子"救"回来。最后车翻下悬崖，胡明兰殉职。木叶棚道班这段路非常险，不少拉木料的货车到了这里，司机都胆战心惊，不敢往前开，只好出钱请经验丰富的老司机开到新沟去。胡明全和陈文蓉有两儿一女。胡明全去世那年，小儿子才14岁。现在有两个儿女在公路系统工作，都有了幸福的家庭。

在采访中笔者得知，除了泸定的18道班外，甘孜州公路管理局甘孜分局也建过一个"女子道班"。当时的班长胡向群是"路三代"。胡向群的父母以前在66班，她9岁的时候，被父母带到道班。一天，她在道班的院子里和其他小朋友一起玩，父亲和工友们在不远处的路上干活。这时，不远处传来狼叫声，孩子们紧张起来，忙往后躲，一会就看到门外有几只狼朝道班走来。危急时刻，父亲和其他工友提着木棒赶来，并大声吆喝，向狼投掷石头。这些狼看到人多势众，也被吓跑了。胡向群在十五六岁时，因为母亲手臂患病，无法伸直，就常去道班帮助父母干活，所以养护工的工作对她来说是很熟悉的。

2009年胡向群在四川交通职业学院毕业后，就分到了甘孜州交通局，2014年调到甘孜公路分局，在道班干了几年。2020年冬，分局成立了一个"女子道班"，一共有9个人，胡向群被任命为班长。她带着班里的姐妹们努力工作，屡受上级领导好评。有一年，胡向群怀孕了，但自己还不知道，在冬天和工友们一起清理边沟，动了胎气，流产了。幸好送医及时，身体没有太大影响。后来，她也有了孩子，但一想到这件事，心里还满是遗憾。甘孜公路分局的"女子道班"还不到一年就被撤销了，胡向群也从一线调到分局机关财务和劳工办公室上班。

同在甘孜分局的陈燕比起胡向群就比较幸运。陈燕是"路三代"，爷爷陈新章在20世纪50年代初参与了二郎山筑路。她曾听爷爷讲，有一次筑路工人们正在干活，恰好炊事员送饭过来，爷爷刚起身走开，身后就滚下一块大石头，几个工友都当场牺牲。陈燕的母亲叫陈华，64岁，

甘孜分局职工陈燕（左）与胡向群

参加工作时曾在雀儿山三道班工作了三四年，后来在63道班上班，并和同一道班的张天富结婚。陈燕1996年参加工作，但那时她才17岁，一开始干不动体力活，那时又实行个人包段。好在她有3个阿姨，养护站离家又不远，农活干完了就过来帮她，很快就把活干完了，让旁人很是羡慕。但是这样肯定不是长久之计，陈燕暗下决心，不断磨砺自己，几年后，体力也增长起来，可以和男工干同样的活了。

//////////// 第六节 ////////////

为了心中那份责任

　　现任康定分局局长的扎西邓珠在九龙分局工作时，九龙的道路容易坍方，下雨容易垮，太阳太大时，晒久了也容易垮。泥石流下来后，尽是大石头，很多时候连装载机都推不动，要请技术人员来爆破，然后才能用机械推开。2013年10月，扎西邓珠担任新都桥分局党支部书记兼局长，那时新都桥分局管养着折多山顶、高尔寺山顶、剪子弯山顶等极为重要的路段。

扎西邓珠讲述公路养护往事

　　扎西邓珠从调查研究入手，千方百计掌握职工所思所想所盼。他加强了领导班子成员之间的沟通协调，消除芥蒂，凝心聚力，统一认识：要求别人做到的，自己首先必须做到；要求一线职工遵守的，机关干部职工必须首先遵守。他坚持用甘孜公路人传承弘扬的"两路"精神、"雀儿山精神"提高大家的政治站位，强化大家的奉献意识、服务意识、责任意识。他带领分局领导班子成员在养护一线，广泛开展调查摸底，与职工逐一谈心，及时准确掌握一线各养护站职工的工作能力、态度、身体情况、家庭情况、生活情况和真实的思想动态，用真诚走进他们的内心，切实掌握第一手资料。扎西邓珠说，在保证工作完成的前提下，他始终会想着要让员工们过得更好。于是，他提出将同在公路局工作却两地分居的职工，尽量调到一起，孩子放假之后，也可以过来同父母一起生活，以增进父母与子女的感情和对公路的感情。

他根据掌握的情况，适时创新管理理念，针对实际情况，及时对部分职工进行了合理调整，对养护力量进行了有效重组；指导制定、完善了适应养护生产实际的考勤制度、包班干部管理制度、巡查制度、目标任务考核制度等一系列管理机制；通过设岗定责，并和年度绩效挂钩，有效兑现奖惩；拓宽党建平台，积极整合工、青、妇组织资源，组建了各养护站志愿者服务队，大力开展"党员义务奉献日""团员活动日"等主题实践活动，凝聚正能量，让一线职工增强了归属感、自豪感。上柏桑养护站招录的年轻职工较多，当扎西邓珠得知这些青年职工希望成

康定分局职工冬季在折多山撒防滑沙（甘孜公路建设服务中心资料图片）

第四章 雪线上那一抹橘红

立伙食团，解决大家的后顾之忧时，他立即为他们从其他养护站调入一位炊事员，并及时召开了局务会，落实了伙食团所需的配套设施。

2017年，由于管养里程的重新划分，新都桥分局正式更名为康定分局。3月的折多山迎来暴雪，雪堆积起来接近2米厚，早晨把雪推开，撒上防滑沙，下午2点又下雪了，而且越下越大。山上的车都要挂链条，不敢走。两边的路全堵上了，第二天更严重，交警上去疏通，但不少大车油箱被冻住，没法启动。扎西邓珠立即指挥装载机开上去，用装载机套上钢丝绳挪车，忙到第三天才把车挪完，恢复了交通。扎西邓珠和十多位工人都待在山上，在警务站烧开水，吃方便面，他还把带来的蛋糕分给驾驶员们。有些车油烧完了，他们和交警配合，给驾驶员们送油。

在2018年之前，雅江公路分局所管辖的路段，还属于新都桥分局管辖。在雅江公路分局工作的翁用辉，当年是新都桥分局的一员。他的父亲翁国喜是成都金堂人，20世纪50年代来到甘孜参与修路，现在已经90岁了。1988年翁用辉经过内招参加工作，最开始分在理塘的毛垭坝道班，1992年被调到高尔寺道班，1993年调到了新都桥养路段。在这里，

翁用辉

他跟着王迪逊、吴建军学机修。两位老师都对他很严厉，翁用辉也很快掌握了修理机械的技术。1996年，一辆道班使用的485农用车在离机修组两三公里的地方抛锚了，翁用辉独自过去，经检查发现是车辆的"牙包"（后桥）里的齿轮坏了，需要修复。当时天色已晚，翁用辉在边沟里站着修车，驾驶员在一旁打着手电筒照明，一连干了三个多小时才把车修好。在新都桥养路段，翁用辉还成为装载机手，每年都要到折多山上推雪。他说，2014年，折多山下了很大的雪，路面非常滑，深夜12点，一辆

大货车因打滑在二台子附近横在公路上，把道路阻断了。翁用辉等人开着装载机上去后，准备把大货车拖正。谁知这时山上一阵"风搅雪"，吹起的雪把装载机挡风玻璃遮住了，他看不到前面。28道班的工人扎西爬上装载机，站在机头前，帮他抹玻璃，他才终于看清了前面，在同志们的共同努力下，把大货车摆正了。然而就在当晚，他们往新都桥赶的时候，却因天黑路滑，装载机滑进了边沟，爬不起来。翁用辉和郭康明、肖贵康、益西、刘德贵分别在装载机和道班的小车驾驶室里坐了一夜，直到天亮之后，才在装载机下垫石头，让装载机脱困而出。翁用辉还说，当年修建高尔寺隧道时，经常发生断路，而且路面很烂，他们就要随时待命，只要发生了断路，马上就开着装载机去作业，把路迅速平好才放行。

雅江分局职工冬季救援民用车辆（甘孜州公路建设服务中心资料图片）

康定分局的王敏是"路三代"，1981年出生。爷爷王济舟是都江堰人，20世纪50年代到甘孜，在总段当炊事员，于2003年去世。父亲王德华当过篾匠，干过泥水工、木工，还挑起竹子篾篓在街上卖，帮人修过房子。王德华是顶班进公路系统的，一直在新都桥养路段工作，当过新都桥养路段的工会主席，2014年退休，现在崇州居住。

王敏说，父亲王德华常常教育他，有了比较稳定的工作，一定要珍惜。王敏初中毕业后，在内江统计校成都分校学习投资财务信用专业，2000年毕业，分到新都桥搞财务工作。但有事时，他也要到一线参加劳动。那时的财务报表是手工报表，他记得，有一次报表出现了一分钱不平衡，于是他翻了账本和报表，经过了两天焦急的寻找，最后翻遍记账凭证才找到原因。

2022年9月5日，泸定发生地震。王敏说，当时他是康定分局前去救灾的7个人之一，从5日到24日，都在震中。在平整板房场地的时候，11日到12日，30多个小时没有合眼，13日休息了一下午，他就又开始整理有隐患的地段，之后的两天抢修通村公路。磨西镇白杨坪的公路最困难，刚抢通没多久就垮了。后来撤出一台挖掘机，另一台继续挖。王敏就此情况正在和分局通电话，才过两分钟，山上又垮了几千方泥石下来。最后，上级决定重新开一条路，这才保证了这一段的物资和人员运送。

1981年参加工作，在65道班当过班长的余孟秋说起自己的父亲，也满是回忆。他的父亲余照鹏1950年参加工作，到甘孜修路，退休前在61道班工作。余孟秋说，自己是在道班长大，父亲的一言一行深深地影响着自己。记得小时候，她和妹妹都出了麻疹，必须送到5公里外的医院就诊。父亲就用自行车驮着两个孩子，推着往前走，一路上看到公路上有零散的石头，父亲总要用脚踢开，遇到稍大的石头，就要停下自行车，先把石头挪开再说。余孟秋感慨地说，父亲那一辈人，对公路的感情是发自内心的，这样清理路面的举动也自然而然。父亲的鞋子前面总是破的，少不得要被母亲抱怨。

1955年出生的杨长青说，父亲杨光清对他这一生的影响很大。杨光清1907年生于西昌宁南，长大后在团牛坪开幺店子（四川方言，即路边小店），由于店子在茶马古道上，是往来的"背二哥"必经之路，所以生活还勉强过得去。1950年，十八军进藏时，杨光清参加了雅甘工程处的民工队伍，后来就留在泸定段的道班上养路。杨长青出生后没多久就跟着母亲回了汉源老家，母亲后来在"三年困难时期"中去世，年幼的杨长青又回到父亲所在的道班。那时，父亲杨光清在道班负责赶马车拉材料。他工作积极，根本就没有休息日的概念，平日里把马喂得很壮实，一有空闲就去挖地种菜，种的菜又大又好，道班工友们常常夸他。1976年，杨长青在泸定高中毕业之后通过内招进入甘孜公路系统，此后还读了成人大专。在泸定养路段上班后，他便从事工会工作。他说，父亲在1974年赶着马车上班时，因高血压而偏瘫，经过多方寻医问药，生活能自理，但闲不住的他又回道班开荒地种菜，自己挑粪去浇菜。1987年，杨光清因病去世。1990年，杨长青调到新都桥养路段工作。1997年，在一次修桥工程中，有两名流氓不听劝阻，强行冲桥，杨长青上前制止，被严重砍伤，伤好之后，就立即投入工作。杨长青说，在他的印象中，父亲一辈子总是默默奉献，不求回报，这种精神对他影响至深。

问"渠"哪得清如许

石渠藏语名为"扎溪卡",意即雅砻江源头。石渠系藏语"色须"译音,因境内的黄教寺庙"色须贡巴"而得名。境内的马石公路南接川藏公路北线(国道317线),属于甘孜州公路建设服务中心管辖的路段。石渠县距康定696公里,距成都1070公里,境内平均海拔4520米,条件非常艰苦。石渠公路人中,除了方瑞琼这样的劳模之外,还有许许多多默默奉献、不为人知的养护工。他们扎根在这片艰苦的高海拔地区,付出的辛苦是常人很难想象的。

2022年6月,笔者在成都北面的一个小区里,采访了曾坚守石渠21年,后来还担任了甘孜公路养护总段副总段长的魏崇岚。年逾古稀的魏崇岚老人精神头非常好,聊起石渠,话语里满是对那段岁月的追忆。

魏崇岚是四川平昌人,曾在平昌读师范,还没毕业,学校就停办了。1965年6月,他参加工作,到了甘孜公路养护总段,8月就被分配到石渠。石渠当年的路段属于马尼干戈养路段管辖,要负责289公里的养护工作,1996年10月,才撤销马尼干戈养路段,组建石渠养路段。以前石渠的公路都是土路,渗水性强——"雨天一包汤,晴天尘土扬"。路段定员和资金都不足,加上生活环境艰苦,冬天要战风雪、风沙,夏天要斗洪水、坍方,劳动强度大。石渠的冬天,风雪很大,只有靠推土机推雪，但连接川藏北线的马石路，却是20世纪50年代初在民国时期草草修建的公路上改建的，路面很多地方是用草和木头铺垫，容易造成陷车。而且，很多地方都是木涵洞。按照当地的地理条件，涵洞的跨径本该是4米，但这些木涵洞只有1米，一结冰就会堵塞。工人们要用钢钎打冰，干很长时间才能打通，刚打通时，水裹挟着冰一下冲出来，工人们的一脸一身就被冰碴子糊满，棉衣、棉裤和鞋子全部被打湿。工人回家时，裤子全冻硬了，想脱都脱不下来，要等温度上来了，再把衣裤脱下来烤上，自己则赶紧钻进被窝，先把身体捂热。以前工人们外出作业，路途遥远，一般都住在野外，搭的是帆布帐篷。大家最恼火的是帐篷的味道，可能是因为用桐油之类做的防水层，所以帐篷臭不可闻。晚上睡觉，头发结冰，会和枕头、被子粘在一起，要慢慢把冰融化后，大家才能起床。

20世纪70年代末，魏崇岚负责出纳工作。一次，他和一位手扶拖拉机驾驶员带着1000多元钱，去道班发工资。没想到拖拉机坏在路上，他们二人心里有点慌，因为前些年八丹路的二道班就曾发生歹徒前来抢劫的事，虽说那次歹徒被工人们吓退，但现在的路上只有他们二人，所以难免心中害怕。商量一阵，他们决定走到最近的道班。驾驶员让魏崇岚去找来棍子，把衣服脱下并撕成片，绑在棍子上，在拖拉机油箱里蘸上柴油，做成火把。他打着火把，在荒无人烟的路上走了十多里，才走到最近的道班。火把燃烧时，柴油一直顺着手臂流，半边身子都被油打湿了。

石渠公路以前大多是木桥，到了20世纪70年代，很多木桥都出现了老化的问题。一次，一辆货车拉着大半车盐和很多翠竹牌香烟，经过一座木桥的时候，木桥发生垮塌，车上的盐和香烟全部倾入河中，万幸的是没有人员伤亡。这次事故，养路段承担了货物的损失，这也提醒大家，改建桥梁刻不容缓。于是，1976年，启动了将木桥改建为石拱桥的工程。魏崇岚说："任务下来后，我们自己搞设计，很快就设计出了图纸，采用片石混凝土的方式修桥。但石渠的河沙硬度不够，不适宜修桥，需要到雅砻江去拉河沙，成本一下就增高了，而上级批准每座桥只有20万元的经费。我们必须在这个金额范围内修好桥。"于是，大家认真做好工作记录，搞好测量，在保证桥质量的前提下，节省费用，用有限的资金共修了6座桥。

为了避开汛期，修桥时间定在三月，先打好围堰，然后工人下水去摸石头，清理桥的基坑。那个时候，河面还是一层凛凛的寒冰，工人们在河边烧起大火，喝几口酒，再把酒从头浇下，把身上擦热，促进血液循环，然后跳进水中，往往腿还会被冰划破流血，干一阵就得上来烤火并处理伤口。他们"三班倒"，连续作战。魏崇岚说，每人下一次水就定量给2两酒，但根本不够，于是又偷偷买了些酒，保证现场下水的工人，不至于"断顿"。

1995年，三道拐到凉水井一段被水冲断，总段要求10天抢通。经过公路人的努力，8天就实现通车了。

说起石渠的生活，魏崇岚也很感慨。他见证了从搭帐篷，到住四面漏风的"干打垒"房子，到小青瓦道班房，再到砖混房的嬗变。令他印象最深的是，以前的六道班，还住过岩洞，那个岩洞就在公路边，比较干燥，能遮风避雨。这样艰苦的条件对现在的人来说，是难以想象的。在石渠的道班上班，很难吃到新鲜蔬菜，加上缺氧，构成两大危害，很多道班工人的指甲都有坑洼，就是因为缺氧。有时候，没有蔬菜了，在哪个角落里找到一根发黑的莴笋，也要把黑了的地方削掉炒了吃。还可以找驾驶员从甘孜带菜，都是带能存放得久的萝卜、莲花白、土豆等，

魏崇岚讲述在石渠的养路往事

但就要帮驾驶员们守车，让驾驶员们睡自己的床，自己睡到驾驶室去。车辆遇到困难，道班工人要帮助修车、打气、挂链条……大多数驾驶员都愿意帮道班带菜。没菜吃的时候，临近河边的道班工人有

时也会去钓鱼，再在老乡家要点酥油煮来吃，还用筛子做成"陷阱"罩到过一种野鸭子，炒出来就是打牙祭了。那时劳动强度很大，营养跟不上，能搞到野味就是让人很高兴的事。他们抓住过旱獭，吃过老鸹，还从猎人那里买过狐狸肉、狼肉，记忆最深的是用三分钱一斤的价格，买到过熊肉，当然这是以前的事，现在这些大多是保护动物了。有时工人们也有运气。有一次发生雪灾，工人们出工时，发现一只山羊，因为找不到吃的，饿昏在山上，这就成了道班当天的大餐。春夏季节，可以捡蘑菇吃，有些地方能挖到虫草。那时的虫草不值钱，他们还和当地老乡交换过虫草，一般是用一根海椒就可以换三根虫草。魏崇岚老人说起这些，不无感慨地说，那时确实很苦，但回忆起这些事，觉得这苦中也有不少的快乐。

石渠分局职工救援受困的邮车（甘孜州公路建设服务中心资料图片）

时任甘孜公路分局局长的周洪明，1969年出生。父亲周志珍在20世纪50年代参加工作，后来在道孚养路段管理油库，1988年退休。周洪明就出生在道孚八美，1986年通过社会招工到石渠县养路段当文书，此后到位于成都温江的四川省交通职业技术学校学习了三年道桥工程专业，回去之后就从事工程管理了。2006年8月，周洪明任石渠分局副局长，

2011年调到甘孜分局任支部书记兼局长。

　　周洪明回忆起在石渠的20多年还是十分感慨。1998年春节前，石渠遭受了50年一遇的雪灾，那时周洪明还是工程主办，带队去石渠的海子山保通。当时调来东方红75型推土机推雪，因天气太冷，每次推土机发动之前要先烧开水倒进水箱，待油路通畅才能发动。公路上，雪堆得有推土机那么高，连续推了两天两夜，大年三十没干完，初一上午又上山了。大家都忘了过年的事，只想着公路不能堵。2008年春天，石渠分局接到保通任务，原来是部队的车辆要通过该路段。周洪明和同事们昼夜待在山上，有影响通行的地方都要马上处理，为保证及时响应，推土机不能熄火，遇到军车车轮打滑，还要帮忙挂防滑链。经过大家的努力，圆满完成了此次任务。周洪明说，石渠老一辈养路工人对年轻人"传帮带"，其无私奉献的精神得到了很好的传承，大家把保证公路完好、畅通当成一种责任，形成一种自觉。如夏天下大暴雨，大家的心里就会焦急，就希望不要把路冲毁，有时冒着大雨就去巡查线路。

周洪明讲述自己在石渠的往事

　　在石渠的岁月，给了周洪明很好的历练。他说，自己在甘孜县公路分局任局长后，也秉承着这样的精神来进行管理，自己首先以身作则，言传身教。甘孜分局管养的G227线甘君路频繁发生坍方、落石。有一年的农历腊月中旬，甘孜发生微震，一块巨大的石头从山上掉落，将甘君路完全堵死，周洪明带着人和装载机前往抢险。然而，因石头太大，装载机也没法挪动，必须把石头分割成较小的体积才行。大家想了很多办法，决定采用李冰当年修建都江堰时"积薪烧岩"的办法，找来废旧轮胎和柴禾，在大石下点起熊熊烈火，烧到一定时候，再用现场的冰雪泼向石头让它降温，不过大石仍岿然不动。甘孜州公路局闻讯准备派工作组下来，周洪明已经安排人从成都请来了爆破组，由于石头太硬，风镐都打爆缸了。最后在甘孜县城买到风镐，终于爆破掉石头，再用装载机把石头挪开。堵了很多天的公路终于畅通了。

对于在雅江分局工作的扎西平措来说，在石渠的日子也给他留下了很深的印象。扎西平措是藏族人，1971年出生，父亲啊巴是云南中甸人，从小当驮脚娃，跟着马帮在茶马古道上运送货物，日子过得很苦。1956年参加工作后，啊巴在甘孜公路当上养护工，还担任过新都桥养路段的工区长。扎西平措是1993年参加工作的，分在石渠海子山二道班。第二年春天，海子山的国道317线发生了3公里的沉陷，班长陈德江带着扎西平措等全班6人赶到沉陷现场。他们搭起帐篷，没有机械的助力，全部靠人工抬石头、挖泥沙来填补，路边则用条石砌起来。大家辛苦了半个月才将路全部修好。扎西平措说，在石渠，工作辛苦，生活也相当艰苦。秋冬季节气温常在−20℃以下，很多时候只能靠烧牛粪取暖，所以在下班时，就要提着个口袋捡一袋牛粪回到道班上，还要趁天晴把牛粪晒干。以前石渠属于马尼干戈养路段管辖，每月段里要派车到石渠来，道班就安排人跟车到马尼干戈去采买蔬菜和其他用品，主要买海带、土豆、白菜、莲花白等蔬菜，还要买腊肉、罐头等，一买就是一个月的量，但不少时候会断菜，这时就只能用豆瓣下饭，或者吃酱油饭。

扎西平措

石渠分局职工帮助过往车辆（甘孜州公路建设服务中心资料图片）

　　石渠的道班工人大多是男工。那时，因为石渠偏僻、闭塞，一个月通一次客车，半个月才通一次邮车，电报最快要一个星期才能收到。曾有家在内地的职工，收到家里老人去世的电报，马上请假，然后等路过的货车，到康定就要三天半时间，等从康定赶回家里，老人已经入土为安了。由于路途遥远，工人生了病常常来不及救治。魏崇岚说，有一次，一个工人喝了酒，诱发了肺心病，还没送到医院就去世了。另一个小伙子，是家里的独子，腹泻严重，也是救治不及去世了。以前在高原上，包囊虫病、肺心病很普遍，道班工人时常会患上这两种病——因为要烧牛粪，牛粪里就有包囊虫的虫卵，手上沾了虫卵，容易通过消化系统感染；肺心病则是因为海拔高的缘故。

　　道班工人的婚姻是个老大难问题。石渠的道班工人要谈恋爱尤其不容易，本地人很少，找内地的路途又太遥远。工人们有时回老家，别人问起在哪里上班，他们会开着玩笑说在"拉萨的双车间"，一解释，才明白是谐音："拉萨"就是拉沙，"双车间"就是双车肩——挑土时两个肩膀换着挑。道班上有一个身材比较矮小的工人，老家隆昌的熟人给他介绍了一个女孩子，但他一直没有时间回去，女孩就千里迢迢过来相亲。这可谓千里姻缘一线牵，非常幸运。遗憾的是，还是有不少男工结不了婚，一辈子单身。其实，很多人结婚有了孩子，也只能往外面送，因为那时道班附近没学校，仅有的少量学校，路途遥远，所以孩子都是家里的爷爷、奶奶或外公、外婆带大的。

在石渠道班里有位工人叫徐忠民，平时斯斯文文，不太说话，做事也做得好，大家都叫他徐老师。原来，徐忠民曾经是一名解放军战士，解放战争时期，曾在二野军政大学当文艺兵，当时驻扎在青岛，手风琴拉得特别好。甘孜到新龙的甘新路开始修建，正在招养路工人，退伍后的徐忠民就报名并被录用。甘新路修建结束后，他分到新都桥养路段。徐忠民有4个女儿，到了石渠之后，很不容易回家一次。女儿徐清萍说，当年总段的职工学校本来要请父亲去当老师，但父亲还是留在道班当测计员，经常主动帮助别人，直到1990年退休。因为聚少离多，徐清萍对父亲的了解也并不多。后来，父亲的一位同学在父亲住院来看望时，告知她父亲的故事，她才明白父亲一辈子的坚韧和善良。徐忠民老人退休后居成都，直到2019年去世，享年89岁。

〃〃〃〃〃〃〃〃〃〃〃〃〃〃〃 第八节 〃〃〃〃〃〃〃〃〃〃〃〃〃〃〃

"天空之城"的养路者

　　理塘县平均海拔4014米，这里的交通在过去被人们视为"畏途"，但在21世纪到来之后，随着交通条件的不断改善，理塘也成为人们心中的"天空之城"。在这里有高耸入云的扎嘎神山，壮美的毛垭坝大草

陈波在理塘分局门口留影

原、格木自然保护区，还有理塘寺、赛马节……吸引着游客慕名前来。然而，高海拔地区美丽的风光之下，却是养路工人们更加辛苦的付出。

　　在理塘公路管理分局，身材高大、脸色黝黑的陈波局长站在分局大门的牌子下照了一张照片。他说，自己在理塘干了30年，退休后，这也可以留个念想。陈波也是"路二代"，父亲陈兴贵是四川平昌人，1965年参加工作，在石渠当养护工，干了10多年，后来在石渠当会计又干了10多年。陈波说，父亲平时不太说话，但干起工作却非常认真。1986年，父亲骑着自行车去道班发工资。途中，自行车突然刹车失灵，父亲摔倒在地，脸伤得很重，鲜血直流，但仍保护着钱款，步行前往下一个道班。当时道班的工人看他满脸是血，都吓坏了，赶紧送他到县上医院救治。陈波在三岁的时候跟着妈妈到过石渠，当时妈妈把陈波三兄弟带到石渠看望父亲。父亲的精神一直激励着陈波三兄弟，他们也继续投身父亲的养路事业。陈波的二弟陈涛在石渠分局当机料主办，三弟陈宏在白玉分局走上了管理岗位。

陈波在甘孜州工业学校毕业，学的会计专业，1992年参加工作后，就一直在理塘，开始时搞人事工作，1999年10月入党，2007年任分局党支部副书记，2008年任副局长，2015年起任局长。

说起理塘公路养护的事，一幕幕战斗的画面在陈波的脑海里闪现。1997年夏天，禾尼乡洪水暴涨，滔滔洪水冲刷着公路路基，如果不立即采取措施，公路将会被冲毁。陈波带队赶到禾尼乡时，水越涨越高，必须马上用沙袋把洪水挡开。这时，党员黎成孝二话不说，抱起沙袋就跳进齐胸的水里。跟着，赶来的同志奋不顾身地跳进水里，把沙袋慢慢砌了起来，终于堵住了洪水，保住了公路。

2015年夏，理塘君坝乡发生特大洪水，大水冲毁公路18处。陈波当时刚任代理分局长主持工作，闻讯立即组织人员前往抢险，加固公路路基并修缮冲毁的公路。这时，有4户藏族同胞的房子受到洪水威胁，在洪水的冲击下有倒塌的可能。在千钧一发之际，理塘分局的养护工人们伸出援手！他们用大型机械配合人工用沙袋等把漩水塘堵住后，再加固房子基础，避免了洪水直接冲击房子。最后洪水退去，民房和藏族同胞都安然无恙。藏族同胞们感动地说：“谢谢你们，你们真是菩萨一样啊！”

2016年，位于国道318线雅江红龙乡路段的一个涵洞被泥石流堵塞住了，排不了水，公路路基十分危险。当时158K养护站的工人们火速赶到现场，在观察了堵塞的情况后，发现大型机械没办法深入涵洞内部，只有靠人工解决问题。这时，朱文强带着年轻人跳进涵洞，开始奋力清淤，经过一天时间的努力，终于把堵塞涵洞的泥石、树枝、杂物清理干净，保证了涵洞的畅通。

从康定往理塘一路驰骋，经过雅江，翻过"天路十八弯"之后，沿途的风光越来越旖旎，幽蓝的海子像一串串翡翠项链，四面雪山巍峨，好像与蓝天白云相连，绵延的大草甸透着苍凉、粗犷、野性的神秘……宛如走进人间仙境。从理塘到亚丁的理亚路上远眺，可以看见远处一座山峰形态酷似一只兔子，两根高高的石柱，就像兔子的耳朵，让人会不由自主地惊叹大自然造物的神奇，这座山也被称为"兔儿山"。据介绍，一到隆冬，大雪纷飞，往往造成雪灾。兔儿山一带的路段，就常积雪，过往的车辆容易发生事故。2022年3月，正好遇到了这样恶劣的天气，大雪积满公路，严重影响行车安全。理塘分局派出推土机前去推雪，并沿路抛洒融雪剂，帮助过往车辆安全通过。有些司机不会挂链条，工人们还主动帮他们挂上链条。这样一连干了四五天，公路畅通了，大家松了一口气。县委书记还就此事写信到州公路建设服务中心，表扬了理塘分局奋力保通的事迹。然而，没几天又遭遇一场更大的雪

抢修涵洞（甘孜公路建设服务中心资料图片）

理塘分局职工撒盐融雪（甘孜公路建设服务中心资料图片）

理塘分局职工帮助路过的民用车辆上防滑链（甘孜公路建设服务中心资料图片）

灾，公路上积雪很厚，兔儿山一带造成了堵车。理塘分局的养护工人们再次出现在现场，推雪十几公里，抛洒融雪剂，洒防滑砂。有些车辆打滑，爬不上坡，工人们帮着推车。有一辆外省的车冲下边坡，他们用推土机拉上路来。有一辆越野车滑下去，被工人们拉上来后，司机掏出1000元钱，要塞给他们，被工人们婉言谢绝。同车的一个女孩子给工人们拍照，说要好好宣传一下他们。为表示感谢，女孩子还专门做了一面锦旗送到理塘分局。也许正是在高海拔的"天空之城"，在冰天雪地的艰难跋涉中，这些年轻的游客感受到了"人在路上走，车在画中行"的意境，同时也被高原上甘孜公路人无私的奉献精神所感动。那是一次心与心的交汇，是一次灵魂的净化。

陈波说，公路养护工作是不断的重复，工人们没有休息的概念，只要一有问题马上就要顶上。这份工作也充满了艰苦与危险，因此为每位职工买好保险、保证生活必需是管理者应尽的职责。他说，过去很多养护站缺电、缺水、缺菜，现在只有239K养护站还没有电。有些养护站的水质不合格，分局便把所有养护站的用水都送去化验，不合格的水坚决不让工人吃。现在有些道班用上了自来水，有的打深井取水。一些道班修建了大棚，种上蔬菜，改造或加固、维修养护站的住房。经过多年的努力，一线养护工人的生产、生活条件大大改善。

甘孜州公路建设服务中心办公室的贺淑明，1986年从位于成都红牌楼的四川公路机械技工学校毕业后，与6个同学一起，分到了甘孜州。贺淑明被分到了毛垭坝道班。辽阔、苍凉的毛垭坝大草原上，藏族牧民放牧着成群的牦牛，远处是头顶着皑皑白雪的雪山，刚到毛垭坝的贺淑明被眼前的景色深深吸引。一段时间后，他终于也适应了从平原走向高原、从学校走向道班的工作和生活环境。但是，和他们一起出来的一位叫王玉兰的女同学，分在温泉道班，却因为不适应高原气候，才十多天就感冒了，在理塘和康定治疗了两三个月也不见好转，后转到成都治疗时，已经转为败血症，又治疗了一年多，还是去世了。

在毛垭坝道班，感觉最困难的是蔬菜缺乏。养路段一个月送一次菜。夏天来临，老工人们自己开荒，在道班的院坝里种上萝卜、土豆、豌豆尖，大家还能吃上新鲜蔬菜。一到冬天，只能靠送菜，有时断菜了，大家只能用豆瓣、酱油下饭。由于没吃蔬菜，口腔里经常会长溃疡，吃饭、喝水都很痛苦。发工资时，是大家最高兴的日子，就要派人去"出公差"。"出公差"的人除了到县城买菜外，还要给工友们带各种生活用品，来回有一周的时间，因此轮到"出公差"的人都非常兴奋。年轻人总喜欢买点罐头之类的"奢侈品"改善一下生活。有些老工人却舍不得花钱，会在工资发下来后，留下很少的一部分，把大部分寄回老家，给家里的妻儿。贺淑明说，他记得有个老工人就是这样，自己非常省，每次去上工都带着两个馒头，年轻人看不下去，给他分点罐头，他也硬是不要。那时，最受大家欢迎的就是邮车，每次邮车来了，只要有自己的信，心里就十分高兴。要是没有，心里就难免有点失落感。以前没有手机，也没有网络与社交软件，一旦有紧急情况只能发电报。临近有电话线的道班，往往不远处就有话务站，工人们可以去打电话，但只能打到另一个话务站。打电话是很好的排遣寂寞的方式，时间久了，两个道班的工友可以聊成朋友。贺淑明非常感慨，在毛垭坝道班，最刻骨铭心的就是寂寞。那时他就养成了看书的习惯，有机会就买书带回去，不管是武侠小说、言情小说，还是其他的纪实文学等书籍，拿在手里就一定要看完。慢慢地，自己养成了阅读与动笔写一些东西的习惯。现在的办公室工作，很大程度上得益于原来的积累。

1987年夏天，理塘养路段对面的一座山上，两个少年正兴奋地搜寻着草洞，待野兔窜出，便边追边用火枪射击，打到了野兔，就提到父亲工作的道班，工人们当天就可以"打牙祭"了。2022年10月21日，在理塘温泉养护站，高小军回忆起自己少年时代的事情时仍充满了欢乐。1972年出生的他当时才15岁，从老家乐山转学到父亲高敬伟工作的理塘的学校读6年级，初中读了半学期之后就没读书了，常与理塘养路段驾驶员何子林的儿子何明一起，到处游玩，最喜欢做的就是打野兔，有时也去采挖松茸。那时有人来收，就卖出去，最好的一次卖了500元。高敬伟是乐山人，20世纪50年代初就在乐西公路修路，后来又去了阿坝州，也是修路，此后才调到甘孜理塘养路段，在143K道班和135K道班工作。高

天路见证

第四章　雪线上那一抹橘红

189

小军转学到理塘后，有时也会趁暑假去道班帮助父亲劳动，如清理边沟、人工上料等。那时要派车拉料，高小军去上料，每天能有1.2元的收入。人工上料劳动强度大，常常是累得人直不起腰。他也算是从小就体验了当一名养护工人的艰辛。

高敬伟于1991年9月退休，高小军就于同年12月顶替，正式加入了甘孜公路队伍，分到249K养护站，并在这里工作了15年。249K养护法那时还是石头房子，居住条件差，幸好旁边有条小河，吃水没问题，然而没有电，近些年才使用光伏板发电，但仅能用于照明。最初养护站还有个伙食团，但也没坚持多久，工人就自己做饭了。高小军参加工作时，正赶上养护质量逐渐标准化的时候，边沟要按30cm×30cm×60cm或40cm×40cm×80cm的标准来挖，工作量增大不少，十字镐常常被损坏。一下班回到道班，工人就要先修理镐头，然后再做饭。249K养护站也无网络，工作之余没有什么娱乐方式，大家只能喝酒。由于喝酒多，高小军的痛风病比较严重，有时痛风发作，身上的关节钻心地痛。后来，他又被调往扎嘎神山的43养护站工作了9年。高小军印象最深的是十六七年前的一个冬天，兔儿山路段的积雪足足有两米多厚，他们赶到时靠人工铲雪根本无法完成疏通，于是赶紧通知分局派来了装载机，机械加人工除雪，这才将公路上的积雪清理完。2019年夏天，国道318线的一个涵洞被泥石流堵住，这时已经在温泉养护站上班的高小军与同事杨春梨、董光华、刘佳、冯小兵、张巧等一起，火速赶到现场，查看情况后马上跳下涵洞，在泥浆里将泥石流带来的杂物全部清除，使涵洞恢复畅通。

高小军展示他业余时间制作的根雕

在温泉养护站，笔者看到高小军所在的屋内有不少根雕盆景，造型各异，生动有趣。一问，才知道这些根雕都是高小军自己做的。他说，因为养路工作之余，娱乐生活实在太少，2017年，他在手机上下载视频软件之后，在上面发现了制作根雕的方法，就想到理塘附近的一些山中，有不少老树根与奇石，自己也可以尝试。这样的想法将他少年时期喜欢玩的兴趣激发出来，于是他就利用闲暇时间去找树根和石头，还真的雕成了不少作品。湖南电视台在拍摄相关节目时，还来采访过他。2020年9月，高小军被派去稻城亚丁的旅游景区停车场划停车位时，一辆观光车突然冲了过来，把正在专心画线的高小军撞飞很远，造成了头上、手臂、锁骨骨折，肋骨也有几处骨折。在住院治疗了一个多月后，高小军才出院，而当时植入的钢板，直到两年后才取出来。经过一场劫难的高小军现在除了继续他的根雕制作的爱好，还迷上了画画。他说，根雕、盆景和画画都能很好地放松自己，除了努力工作，高原养路工的生活也可以更多姿多彩。

理塘分局的158K养护站（现属雅江分局），曾经是国道318线上无数旅行者的"家"。众多的骑行者在爬上"天路十八弯"，再翻越卡子拉山垭口时，早已精疲力竭，渴望有个休憩的地方。骑着骑着，就会看到公路边一幢小屋外墙上黄底红字的"骑友之家——158道班"两行大字，大家的心情几乎可以用狂喜来形容。于是，他们马上停下疲惫的脚步，走进道班里。时隔10年，现任成都民俗文化研究会秘书长的喻峰说起自己经国道318线骑行西藏的往事，还念念不忘。那是2012年6月16日，喻峰骑行西藏，于傍晚时分到达了158K养护站。在从成都出发前，喻峰就做了攻略，158K养护站就是中途需要停留歇息的一站。到养护站后，工人们都很热情，喻峰和其他骑友都吃上了可口的饭菜，还被安排与工人们一起，12个人住在一间屋里。上下床的通铺，床单被子都干干净净的。喻峰和骑友们骑了一天的车，加上高原空气稀薄，睡意一下就涌上来，一觉就睡到天亮，吃了养护站的早餐，又重新踏上征程。喻峰说，在漫长的高原道路上独自骑行，有飞驰的快乐，也有疲累的难受，有结伴的欢欣，也有独行的寂寞，但看到路边的养护站，心里就会有一种很笃定的安全感。

蜀道纵横香巴拉

沿着国道318线到理塘，再沿埋乡线到乡城，一路上阳光灿烂，风光秀丽。因海拔逐渐降低，植被也越来越茂盛，雄鹰翱翔在蓝蓝的天上，不时有漂亮的锦鸡带着一家子快速地穿过公路，还有松鼠在路旁的树上蹦跶……让人感觉这不是置身于海拔3000多米的高原，而是在低海拔丘陵地带的森林里漫步。

在桑堆河谷，有一处悬崖，悬崖比较光洁的那面，画着两只红色的鹿。岩画的下面，有很多经幡和哈达。原来这里就是著名的鹿岩图腾。相传这幅岩画是用第三世噶玛巴的鼻血画成的。很久以前，很多猎人在桑堆河谷一带毫无节制地猎杀野生动物，第三世噶玛巴为了保护野生动物，就用自己的鼻血在岩壁上画了两只鹿。可能是大德慈悲之心的感召，从此之后，猎人们就再也没有捕杀这里的野生动物了。沉浸在对神奇传说的想象中，笔者在太阳快下山时赶到了美丽的"香巴拉"——乡城。乡城，是藏语"卡称"的汉语音译，其含义是手中之佛珠，因县境内硕曲河由北而南纵贯全境，像一根丝线把坐落在沿河两岸的白色村寨连在一起，犹如串串佛珠而得名。乡城县城海拔2865米，10月的天气，还相当温暖，这里临近云南中甸的香格里拉，不少去香格里拉的旅游者大多会选择从理乡中线前往。而乡城也有不少风景迷人的旅游景区，由泸州援建的青德镇仲德村，就因为在此取景的电影《从你的全世界路过》热播，而被人熟知，又因其白色藏房、千年菩提树、香巴拉猫等旅游文化资源，于2021年入选第三批"四川最美古村镇"名单。

笔者先随乡城分局局长何飞前往他联系的青德镇黑达村，了解该村近段时间的情况，与村"两委"的负责人交换意见。大家还品尝了黑达村种植的用来酿造红酒的小葡萄。这些年，甘孜公路系统也承担了帮助乡村脱贫和乡村振兴的任务。经过不懈努力，他们帮扶的点都实现了脱贫，而且在乡村振兴的路上飞奔。何飞是1975年生人，看上去清瘦而干练，大家都以为他是"路二代"，但他却说自己是"路三代"，这让大家都吃了一惊。原来何飞的爷爷何远久1912年出生于内江富顺，少年时在泸州当过学徒，20世纪50年代，参加过内昆线（内江至昆明）的修建，直到1962年，才调到川藏南线，在然乌道班工作，还参加过乡城到得荣公路的修建。何远久在当时的道班工人中年龄算是较大的，退休也较早。他平时最喜欢唱《歌唱二郎山》这首歌，工余时间唱起来，总能

杨宪蓉（右一）、何飞（右二）在青德镇黑达村了解情况

第四章　雪线上那一抹橘红

天路见证

193

鹿岩图腾

唤起年轻时的激情。何飞的父亲何长明生于1949年，在何远久1979年退休后，就顶替了工作。他在富顺老家是"老三届"的，写得一手好字，单位的板报都是他来写字。何长明到乡城后，拜师父学开大拖拉机，主要负责拉养护材料，后来调到养路段搞劳工和总务工作，1999年刚满50岁就退休了。

何飞在老家富顺生活到1983年，直到奶奶去世，才来到乡城。那时，他才8岁，在乡城读书，后来考上了四川林业技校土木工程专业，毕业后，1996年参加工作，分在理塘养路段上班。何飞说，其实自己很想回乡城，但当时父亲在乡城养路段，父子俩在一个单位不好相处，于是他就主动申请到了理塘。何飞是学土木工程的，被分在工程办公室，也算专业对口。然而刚从学校出来，很多生活常识还不明白，连高压锅都不会用，老工人就教他们如何用，还叮嘱他们烤枫炭火时很容易一氧化碳中毒，要特别注意……经过一段时间，何飞也渐渐适应了高海拔地区的生活和公路养护工作。1998年夏天，甲洼镇路段发生了水毁，全段的机关和相关的养护站职工都赶到现场，何飞也是平生首次穿上水鞋、

远眺乡城青德镇仲德村，白色藏房在秋阳下分外美丽

水裤，跳进泥水里搬石头、挖淤泥，干了很久才完成了任务。2000年，何飞参与了从炉霍色尔坝到色达县城80公里公路的修建。他和杜强（现任巴塘分局局长）一起，都分在勘察设计队，每天要扛着经纬仪在野外走5～8公里，测四五十个角，包括中桩复设平曲线，往往要到晚上10点才能干完。那段日子还很冷，他们带着饭盒，里面装着饭和菜，可是到吃饭的时候，饭菜已经冷硬了，于是在附近找一些柴禾生火，把饭盒放进火旁，烤热了再吃。回到附近的道班房，他们也只能打地铺睡觉。这样的工作，一干就是20多天。此后，何飞参加了康定到新都桥的折多山部分通县油路工程建设。在2006年，何飞调往甘孜分局，2008年任副局长，2009年参与了王母公路的改建工程。2010年他还被借调到甘孜州交通和城乡建设投资集团公司当工程处处长兼业主代表。2010年到2015年的5年时间里，何飞参与修建了理塘到君坝乡、甘孜到君坝乡两个项目，还在州公路局的安排下，参与塔公到八美的公路改造。这一段路以前是水泥路，抗滑系数差，汽车容易出事故。经过一年时间的奋斗，大家完成了这段曾被称为"魔鬼路"的公路的改造。2015年，何飞又被调回甘孜州公路管理局任工程管理科科长。这一年，他负责在丹巴甲居藏寨处理滑坡问题。以前修路时设计单位没有考虑到钢筋笼护栏自身太重，使用时造成部分水毁。何飞说，当时这段路是他独立负责的项目，考虑到各种因素，认为如果硬堵的话会出现更大的问题，治理水毁应该因势利导，于是与当地协商沟通好材料供应、场地等，完成了钢筋笼护栏、桩基托梁、路基等工程的建设，将这500米滑坡地段修好。在辗转的工作调动中，何飞的职务几经变更，他笑称，自己几乎把公路局的中层以下领导职务都当了个遍。他回忆起这段经历时，对当年州公路局的老工程师蒲文昌充满了感激之情。当年，他报送图纸上去，是蒲文昌工程师审核，并指出问题，还手把手地教他关于施工图纸方面的知识与预算软件的使用，使他受益匪浅。

2018年，何飞被派往乡城分局任局长、党支部书记。对祖父和父亲工作过的地方、哺育自己长大的第二故乡——乡城，何飞是非常熟悉的。他暗下决心，一定要把乡城的公路养护工作搞得更好，同时还要改善各个养护站的生产、生活条件。在他与商喜运、余红梅等的一班人的努力下，现在乡城的公路养护站，床、桌椅等家具齐全，还配备了一辆9座车，一台装载机，基本实现了机械化。何飞说，乡城的隧道多，隧道的维护硬软件都还较为欠缺，尤其是技术人员严重缺乏，希望今后能得到改善。

黑达养护站的工人们结束工作后合影

乡城通往稻城的公路上，黑达养护站的工人们正在进行常规的养护。一台装载机不停地把山壁上滑下的堵住边沟的泥沙石块铲起，再倒在另一边。其他工人则仔细清理装载机无法深入的边沟。10月下旬的天气十分晴朗，两旁高山上，是五颜六色的彩林。在通透的空气里，阳光形成了"丁达尔光柱"，穿过白云、穿过彩林，更是分外动人。黑达养护站站长丁卫东说，现在有了机械化作业，工人的劳动强度减轻了很多。他回忆起过去的养路经历，不无感慨。丁卫东1974年出生，1996年到了甘孜公路养护总段，被分在乡城养路段海子山道班、小河口道班待了8年，在大雪山18道班待了7年，又调到热乌道班干了三四年，后来才到了黑达。丁卫东印象最深的是2006年冬天，在大雪山道班时。那里，雪下得非常大，狂风呼啸，垭口的雪被山下的风吹上来，越堆越高，最厚的地方就像房子那么高，差不多15米长，还有4公里路段的雪也齐腰深，把公路完全堵死。云南往四川的车辆动弹不得。乡城分局派出两台装载机赶来铲雪，中途装载机却出现打滑。丁卫东和何建国、徐全、周勇等一起，拿着方耙使出全身力气挖雪，配合装载机推雪。干了几天，丁卫东、周勇和装载机司机郭万友都得了雪盲症，眼睛疼痛、流泪，看不见东西。分局派人把他们三个接到乡城，送到医院。用药擦了眼睛，刚好转，第二天一早，几人就返回现场继续抢险。经过一个多星期的拼搏，4公里公路的积雪被推开，车辆终于能够通行。然而，就在那一个月里，装载机带上来的菜吃完了，道路打滑，根本不敢骑摩托去买菜，只好顿顿用豆瓣下饭或者吃糌粑。

丁卫东父亲在乡城公安局工作，母亲是银行职员，在县城来说还是家境不错的家庭。但是当上了养路工人之后，再苦再累，他也没想过放弃这份职业，而且深深地爱上了这份职业。1996年4月，他才到海子山时，一天，一辆东风牌大货车翻到岩下，车上拉的都是4.5米长的木料，横七竖八地堵在坡上。司机夫妻二人头摔伤、腿骨折，伤得很重。当时道班的李天健、周勇、汪海洋与丁卫东一起，下到坡底把木料搬开，将二人抬上来，并拦了个邮车送到稻城县医院抢救。第二年，男司机还带来了不少米、面、酒、腊肉等，专门到养护法来表示感谢。道班工人在发现过往车辆遇到困难时总是乐于伸出援手，且不求回报。1998年冬天的早晨，一辆从乡城到康定的客车在871公里道桩处抛锚，车上的几个乘客到养护法求助，说需要帮忙守车。丁卫东和杨友军一起，二话不说抱起被子就过去了，在车上坐了一夜。晚上寒风砭骨，两个人冷得发抖。第二天，司机找了修车的师傅上来把车修好，两个人才赶回养护法。

2015年3月一大早，丁卫东还没上班，一辆拉菜的大货车路过，然乌养护站，司机告诉丁卫东，在稻城到云南方向的路上，有个出租车司机倒在路边，请养护法的人去看看。丁卫东一听，觉得事情重大，连忙和老工人胡中贵一起，骑上摩托车就往那里赶。到了一看，原来是那个出租车司机一大早就在路边大便，可能是突发心脑疾病，倒在路边，但还有生命体征。丁卫东和胡中贵进行了拍照取证，将司机的裤子穿好，把他送到出租车上，由胡中贵将司机送到青麦镇卫生院。卫生院的医生建议马上将他送县医院抢救，通知司机家属赶到乡城后，家属执意要将司机转回云南医治。后来得知，转院过去后，司机病情加重去世。

1986年，鄢元辉顶替父亲鄢良柱到了理塘海子山道班。说起父亲，他印象最深的就是听父亲讲过，20世纪50年代父亲在桥工队工作，修建理塘到乡城的马熊沟桥时，要上山伐木，不时会看见马熊在附近活动，马熊憨憨的样子时常引得工人们大着胆子去引逗，大声喊叫下，马熊撅起屁股就跑远了。鄢良柱后来调到了工程队，参加了雅江大桥的维护、加固工程。

1967年出生的鄢元辉说，大约是1990年，在海子山养护法时，一辆拉木料的大货车出了事故，全班的人忙赶去救援，到了一看，发现车辆前部陷进边沟里。大家忙把边沟挖开，在车轮下垫上石头，货车一轰

在公路旁，丁卫东（左）接受笔者的采访（杨宪蓉/摄）

油门终于上来了。工人们还要把挖坏的路基修补好才往回走。1993年，鄢元辉调往七星岗养护法，这里的海拔有4100米，没有水，用水要用木槽从山上接过来。冬天断水了，就要去一道桥打水，那里有一条小河，来回要走很远，走一截要歇一会。如果赶上大雪，就只能化冰和雪来用水。以前没有电，只能用煤油灯照明，煤油要省着用。现在有了太阳能电池板，照明不成问题了。在七星岗吃菜很麻烦，一个月派一个人到乡城买菜，往返就有100公里。一辆自行车也带不了多少菜，断菜是常有的事。1997年，在469号道桩的大弯里，一辆东风卡车滑入边沟，七星岗养护法的工人们想了很多办法，都不奏效，只好挖开路基，再垫石头，把货车救出。

在乡城分局见到朱德明时，第一感觉是他的一张脸上写满了沧桑，尽显老态。然而一问年龄，他是1967年9月生人。心想这也许是高原上长年劳作加上太阳的紫外线强烈照射，与其他长期从事养护工作的人一样，皮肤更加黝黑，皱纹更多。然而在了解了朱德明的故事后，才知道，这位30多年工龄的养路工人，除了在艰苦条件下努力工作外，还承受了人生中最大的苦痛。

鄢元辉

朱德明

朱德明是1986年1月从理塘社会招工进入甘孜公路养护总段的，当时分在143道班，干到12月，就被调往乡城的七星岗道班，1990年调到热乌道班任班长，之后又到大雪山养护站。大雪山道班是他经历过的道班中条件最苦的，冬天没有水，要走到离养护法200多米的河里去把冰凿开，然后取水。距离虽然不远，但风雪很大的时候，挪动一步都很困难。大雪山养护站离乡城县城有81公里，生活物资只能骑自行车到县城买，来回就要两天，中间在热乌或七星岗养护站住宿。没有电，大家晚上只能在煤油灯下，打打扑克或者聊聊天就睡觉了。每天早上7点就要起床做饭，把饭带到工地，中午就烧火热饭。1989年12月到1990年元月的雪很大，但是养护站工人们还是坚持每天出门步行巡查路段。一天，他们巡查到垭口上时，猛然发现一辆解放牌货车陷进了边沟，司机怎么努力，都无法将车开出来。朱德明忙跑回去叫上聂成玉，开着推土机过来，用推土机把汽车拽了出来。2007年，朱德明调往鱼洼仲养护站，一干就是十几年。这里除了朱德明自己，其余4个都是女职工，只有朱德明有辆摩托车。为了职工们的安全，朱德明每天都主动接送职工上下班，骑摩托车一天就要跑10个来回。为了能够让班上的其他职工照顾到家庭，朱德明自愿把值班的任务揽下来，一年四季以班为家。在热乌养护站任站长时，因为家中无人照料，朱德明将年幼的女儿带到养护站。上班时他将女儿放在簸箕里搁在公路旁边，下班了又背着女儿回养护站上给她做吃的。女儿朱玲现在已经有了自己的工作，说起自己的父亲，仍满脸骄傲。现在女儿已经嫁到了江苏，家里就只剩他自己同从乡城分局退休的母亲罗蓉。

　　2013年，朱德明20岁的儿子陪熟人去云南那边看病，坐别人的车，车行到香格里拉松原桥，突然出了车祸，在车祸中身亡。当时，朱德明正在鱼洼仲养护站的工地上干活，听到这一噩耗，如同晴天霹雳，一下就愣在当场，内心像炸开一样，差点昏了过去。白发人送黑发人，儿子的死让朱德明很是自责，他泪流满面，后悔自己每天除了工作就是工作，没有抽出时间多陪陪自己的儿子。在把儿子安葬之后，第二天朱德明却又出现在工地上，默默工作。大家怕他被巨大的悲痛击垮，劝他多休息几天，他说："待在家里反而会东想西想，上班能让自己暂时忘记这一切，调整好心情。"也许正是这样深埋心底的悲伤，让56岁的朱德明承受了更大的苦痛，让他的脸上写满了沧桑。

2002年，朱德明光荣地加入中国共产党。此后，他一直发挥党员的先锋模范作用，受到过各级部门的表彰奖励如甘孜州公路局"劳动模范""先进生产者""十佳养路工"称号、乡城县"优秀共产党员"称号……朱德明说："作为一名公路养护工人，最大的收获就是，每当看到过往的司机、游客投来微笑时，心里暖暖的，感觉自己所做的一切都是值得的。最高兴的还是看着乡城的路一年比一年好，人民群众出行也更方便了。选择这个职业，我无怨无悔。"

全心保"道"成

任乃强先生的《西康图经》记载："光绪三十三年（1907年），因在此地（稻城）试行种稻，故改名稻成县，预祝其成功之意。"1939年西康省建立，改为稻城县。稻城地势北高西低，西高东低，最高海拔6000多米，最低海拔2000米左右，垂直高差达4000米左右。因此在地势较低的地方曾尝试种植稻谷。稻城亚丁近年来成为旅游热点景区，天南地北的游客纷至沓来，对稻城的公路建设和养护就提出了更高的要求。

稻城公路管理分局局长唐泉1973年出生。他的父亲唐顺天是平昌人，1963年来到甘孜，当时才14岁，后来在石渠安家。唐顺天在石渠修过桥，后来当推土机手，主要负责推雪，在海子山保通，下雪时要坚守在山上。唐泉记得自己小时候经常去山上的道班看父亲，住在道班陪着他。那时的石渠条件很苦，交通不便，气候恶劣，道班时常断菜，买菜也买不了。工人们早上出工，要带着饭菜出去，在工地烧火热饭，晚上回来还要自己煮饭。唐顺天工作20多年后，于1990年退休，返回老家平昌颐养天年。

唐泉于1992年通过社会招工进入甘孜公路养护总段，就留在石渠工作，被分在蒙砂养护站当养护工。这里海拔4000多米，条件也相当艰苦。后来他调到德格县竹庆和窝公乡道班，在一线干了16年。2007年，唐泉参加了石渠分局的考试，被调到分局机关做文秘工作，2008年调到九龙县组建公路分局，并担任办公室主任，开始从事管理工作，两年后，被任命为九龙分局的副局长。2015年，他调到甘孜分局任副局长，2017年，到稻城分局担任局长。唐泉说，稻城的断道保通和冬季保通工作十分繁重，尤其是最近几年，分局在这项工作上投入了很大的精力。2021年7月，稻城蒙自乡216省道发生了坍方，唐泉带领分局和相关养护站的职工一起前往清理坍方。这时，负责观察的同志大喊："快撤，山体滑坡了！"说时迟，那时快，只见坍方处的山坡上大约三四千方土石往下垮来。唐泉忙高喊快撤，工人们刚刚撤出，泥石流瞬间就冲到了公路上，泥石飞溅起来，蹦得老高。幸好当时发现及时，并未造成人员伤亡。在山体滑坡静止下来之后，大家就开始了清理工作，装载机手颜友开着装载机，一次又一次地铲去泥石，一直坚持在现场。经过大家一周的努力，终于抢通了道路。这段道路地质结构脆弱，经常发生坍方，仅2021年，就发生断道75次。2022年8月、9月严重干旱期间，也发生断道15次。每次断道时去抢通道路，不时会有飞石掉落，严重威胁着养路工人的生命，因此唐泉每次都要先派人严密观察，一有问题，马上示警。

2022年3月，稻城下了很大的雪，路上积雪达四五十厘米。兔儿山到桑堆的30多公里的路面，受冰雪影响严重。唐泉带着相关人员早上7点出门，到这个地段除雪，两台机械——一台装载机、一台抛撒融雪机，两个机手——颜友和洛绒益西，轮换着工作，装载机在前面铲雪，抛撒融雪机就在后面撒融雪剂。唐泉差不多要凌晨3点才能回分局，鞋子里总会冻起冰块，好不容易才能脱下，休息两三个小时，就又要起身前往工地。每天都有车堵在雪里，就要派装载机过去拖出来，有时被困的车辆多了，职工们还要负责疏导交通。这样他们连续干了半个多月，直到雪小了，路也畅通了。

唐泉说，2020年，稻城分局通过了国家交通部的检查，100公里路面整洁，并坚持了一个月，这也是全省检查量最大的。而路面病害处理的检查结果也是全部达标。

唐泉（中）与正在进行养护工作的工人们合影

在2022年甘孜州"民族团结进家庭"的活动中，唐泉定点联系了噶通镇的一户贫穷的藏胞家，帮助藏胞收割青稞。这户人家只有一个老母亲和两个儿子，种了三四亩地的青稞。唐泉带着15个职工过去，租了收割机再加上人工收割，一天就把青稞收到了粮仓里。唐泉说，下一年，还要来帮他们播种呢。

离开稻城时，唐泉还带领笔者参观了甘孜公路系统中规模最大的甘孜州公路建设服务中心稻城分局桑堆服务区，服务区有着宽阔的停车场等设施，集停车休息、卫生间、汽车加油、旅游咨询、商品售卖、餐饮服务等旅游服务功能于一体，正是对"交通+旅游"的最好实践。这是进入新时代后，甘孜公路系统实现从单纯养护到建设与服务转型的尝试。今后，驾乘人员和游客还能在最需要的时候来到公路服务区，享受到这些便利。

在稻城往理塘的公路上疾驰，到小河口养护站附近的公路旁，不时会出现一些玛尼堆。玛尼堆藏语称"朵帮"，是垒起来的石头之意。

"朵帮"又分为两种类型，分别是"阻秽禳灾朵帮"和"镇邪朵帮"。公路旁的玛尼堆是谁堆起来的呢？同行的杨宪蓉说，这一段公路旁的玛尼堆大多是小河口养护站的工人们堆起来的。说话间，就看到前面穿着橘红色工作服的道班工人正在清理边沟，正是小河口养护站的职工。

小河口养护站工人们堆起来的玛尼堆

站长代波是1970年出生的，身材不高，却显得十分精干，脸色红红的，这是高原紫外线下从事劳作的人常有的"高原红"。他的父亲吴乾亨是重庆潼南人，20世纪60年代到甘孜修新龙公路，后来到理塘养路段当驾驶员，工作几年后调到理塘的黄金公司。母亲代克碧，也是在当年修建甘兴路后，到理塘的糖厂工作，后来调到乡城养路段。但代波在两三岁时，父母就分开了，代波也跟着母亲姓。1986年，代波顶了母亲的班，到甘孜公路养护路总段，被分到稻城所冲道班，干了两年后，调往乡城的西洼道班。那时代波才16岁，人又长得单薄，道班的老工人都帮助他，太重的活都不让他干。1990年，代波被调到大雪山养护站，一干就是8年。1995年，大雪山下了很大的雪，甘孜的11个县也都遭受罕见的寒潮和特大雪灾。大雪山上更是困难，一个多月断道，拿钱都买不到蔬菜，大家只能用豆瓣下饭，把面粉搅成糊糊来喝，由于缺乏维生素，口

稻城分局桑堆服务区

腔上火，牙齿痛得不行，只能咬紧牙关坚守住。1998年，代波调到小河口道班一直干到现在，在这里还和他的同学、黑达养护站的丁卫东同事过一段时间。他说，在道班救助伤员、帮助驾乘人员是"家常便饭"，时间久远的就不用提了。2013年冬天的早晨，代波突然听到一辆邮车在道班旁猛按喇叭，忙跑出去问原因，邮车司机说不远的路段有一辆车翻了，可能伤了人。代波一听，连忙开着自己的车就往现场赶，到了一看，一辆货车侧翻在地，里面的三个人满头是血。代波一个人没办法，忙开车去理塘海子山的公安执勤点报案，然后迅速返回。他拦下一辆客车，请旅客帮忙救人，旅客们纷纷响应，下来把伤员从驾驶室拉了出来。原来里面是司机及其老婆，还有另一个女子，都伤得很重。这时，代波想到，受伤了的人体温很低，如果不及时保暖的话，很容易发生危险，于是开上车迅速返回养护站，拉了两床做水稳层的棉絮回来，盖在伤者身上，然后又是风驰电掣地开着车往稻城县医院送。虽经过抢救，但司机的老婆仍不幸去世，司机和另外的那个女子没有生命危险。因代

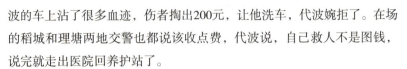

波的车上沾了很多血迹，伤者掏出200元，让他洗车，代波婉拒了。在场的稻城和理塘两地交警也都说该收点费，代波说，自己救人不是图钱，说完就走出医院回养护站了。

2015年，一辆皮卡车在兔儿山附近翻到岩下，当时就死了3个人。代波和丁卫东的弟弟韩宝一起前去救援，该车超载1人，有3个伤员，被代波和韩宝送到医院后，都脱离了生命危险。2016年，也是在兔儿山附近，一辆旅游车冲下路基，代波赶到了现场，在等待救援时，旅游车内有两名乘客发生了缺氧，呼吸困难，脸色苍白，十分危险。代波连忙跑到公路中，拦下一辆车，向车里的人要了氧气罐，拿到旅游车上。有了氧气，两名旅客终于缓了过来。最后等来了稻城的救护车和救援车辆，代波才离开。

小河口养护站就像是一个高原上的驿站，在这里，附近的村民、远来的游客、拉货的司机都能感受到一分养路工人带给的温暖，有时是及时救援，有时是帮助别人克服高原反应，有时是为自驾车挂防滑链，有时是免费的食宿……这些都让人难忘。代波说，就在不久前，一位理塘某寺庙的喇嘛带着糖、瓜子与饮料，专门来养护站感谢职工们。原来是几个月前，这位喇嘛骑着摩托车出去办事，在离养护站500米左右的地方，与一辆旅游车相撞，他的腿骨折，头上流血。代波和工人们知道后，马上跑过去，给他包扎，代波还把自己的衣服脱下来给他包头，并把他送到医院救治。2017年，一位60多岁的老婆婆来到小河口养护站等车，一直坐在一边烤火。到了饭点，她没带吃的，代波便给她送来泡面，让她暖暖地吃下去。2022年4月，小河口路段风雪很大，不时就有过往的车辆陷进边沟，代波与同事们每天都要进行巡查，发现被陷住的车辆就赶紧救援。有些车辆要等保险公司定损，工人们还帮忙守车，等保险公司的人赶到才离开。这样的事情还有很多很多。

在代波救援过的人中，云南的马燕至今都还有联系，两人也成了好朋友。2009年，马燕一车3人到甘孜旅游，路上车爆胎了，又没有备胎，只能去买轮胎回来换。一行人来到小河口养护站，找到代波。此时，代波正巧有事要赶往理塘，于是就把自己的夏利车借给马燕，让她开车去买轮胎，还跟他们说了米、油、菜都放在哪里，让他们自己煮来吃。过了几天，马燕终于把车修好，临走之前，为了感谢代波，她留了500元在养护站，还给代波留言要永远保存他的电话。时间过去了十多年，两人还不时联系。这份极大的信任和帮助，确实让人动容。

代波曾获得甘孜州公路管理局十佳养护工、最美养路人、先进个人等荣誉。他说工人们在养路时，总会把路边的石块堆成玛尼堆，一是防止石块四处散落影响安全；二是玛尼堆十分美观；三是按照藏族人民的风俗，玛尼堆能镇邪和祈求平安。的确，这一个个玛尼堆凝聚着养路工人的心血，也逐渐成为公路边的美丽风景。

稻城木拉养护站的杨平从1996年内招进乡城养路段之后，先后待了好几个养护站，先是在桑堆养护站干了两年，就调到75养护站，2002年被抽调去通县油路工程，2004年调到无名山养护站，在那里一干就是11年，2015年才调到吉乙养护站，2019年又调回桑堆任养护站站长，2021年到木拉养护站。1977年出生的杨平也是"路二代"，父亲杨仕全20世纪60年代参加工作，在甘孜公路养护总段的工程队。那时杨平和母亲、

代波（左二）与小河口养护站的同事们合影

杨平在稻城海子山上查看路况（陈勇/摄）

姐姐都在平昌生活，父亲每年回老家一次，每次都要带些甘孜的特产。杨平清楚地记得，父亲常常叮嘱自己要好好学习，不要荒废青春。20世纪90年代，父亲因病退休。

杨平的养路护路生涯中，印象最深的还是待的时间最长的无名山。无名山海拔4700米，垭口达到4800米，以前属于乡城分局管辖。当时整个养护站只有他和韩宝、王山、牟勇4个人。一到冬天，山上十分寒冷，下雪的时候，垭口上的雪能堆起2米多高。2008年冬，无名山上的雪下得非常大，积雪很厚，杨平开着推土机不停推雪。突然间，推土机抛锚，大家都傻眼了，但保通迫在眉睫，4个汉子只好甩开膀子，人工铲雪。他们带信到乡城分局，让分局派来了修理工，修好推土机后，又继续推雪。杨平说，这样的情形在无名山是很寻常的事。在山上最苦恼的是没水，冬天只有靠融化雪和冰来保证用水。以前无电、无手机信号，2004年才安装了太阳能电池板用于照明，后来又改成大的太阳能电池板，终于可以在山上看电视了。那时有车辆陷进边沟，他们就会前去帮忙，用推土机把车辆拉起来；有些自驾的小车司机不会挂链条，他们要帮助挂好。2021年杨平被评为四川省交通厅和人社厅的交通运输系统先进个人、甘孜州公路局的先进个人、稻城县的优秀共产党员。

和杨平同在木拉养护站的余著斌，是"路三代"，1999年生人，爷爷余维江和外公熊文银都是在20世纪50年代参加修筑川藏线时来到甘孜

210

的。余著斌因为年纪不大，对爷爷和外公的情况知之甚少，只知道爷爷在修路时很艰苦，被溅起来的石头伤了左眼。余著斌的父亲余德明出生于1973年，是通过内招进公路系统的，曾在日英、朝阳沟道班工作，现在在乡城黑达养护站。在黑达养护站的公示栏里，就有余德明的照片。余德明平时工作忙，当年妻子在康定生余著斌时，还在一线忙碌。直到妻子生下孩子，给他打电话，余德明才请假赶回康定。

余著斌从重庆市农业学校中专毕业，在2018年参加甘孜州公路局的招聘考试，成为一名公路人。父母也支持他进公路系统。余著斌第一天上班就是清理边沟，他从小就看父母干这些活，一点也不陌生。他进来后住在桑堆，但要到无名山值守。从一名在大城市求学的学生到每天干着相同工作的养路工人，角色的转换让他心里有落差。尤其是现在的信息社会，各种机会和诱惑都摆在面前，他想过放弃工作，辞职出去闯一闯，但是祖辈和父辈的无私奉献精神始终激励着他。经过激烈的思想斗争，他还是丢掉了这个想法，全心扑在工作上。2020年，在无名山值守时，另外的人下山买菜去了，只剩余著斌一个人。他正安静地看书，这时，一个蒙面人拿着刀进入养护站，要他拿东西。余著斌心里虽然害怕对方伤人，但还是稳住心神，给了那人一个旧手机和一点吃的，蒙面人也溜走了。经过这个事之后，养护站也提高了警惕。

国道318线上勇战水毁

　　秋天的高原，天高日晶，从理塘到巴塘的这段国道318线，公路路面平整，汽车行驶在上面感觉十分惬意。公路两旁是壮阔的草原，点缀着黑色的牛群，像一幅图画；起伏的山丘像湖水的波纹，让人心里柔软；远处那圣洁的雪山，站立在天边，令人景仰。翻过海子山之后，是美丽的姊妹湖，两个海子，清澈明净，就像待嫁的少女，带着些许羞涩，让人沉醉……在这样的风光里回味着，过一会就到了巴塘的地界。

　　傍晚时分，我们来到了甘孜州公路建设服务中心国道318线海子山垭口至德达段整治工程指挥部，见到了指挥部办公室主任伍加智，他到指挥部之前是巴塘分局的办公室主任。他从参加工作起，都在巴塘，工作经历丰富，于是聊起了当年国道318线的往事。伍加智说，当前进行的海子山垭口到德达段整治工程，工作量很大，分局的杜强局长几乎每天都要到指挥部来"坐镇"。德达隧道和列衣隧道里的换气机比较大，遇到超高车通过时，要全程护送。这一工程建成后，国道318线将更加通畅。

　　伍加智是"路二代"，生于1971年。他的父亲伍祥楷是泸州人，1951年参加修筑川藏北线即康青公路改建工程，1960年在国道318线的283K道班当班长。那时的路还是土路，他们备料都用木轮车拉。冬天到处被大雪覆盖，他们要在雪窝子里一点点地抠料，还要推雪打冰。20世纪70年代，道班终于告别木轮车拉料，大多用上马车来拉。伍祥楷当过巴塘养路段的副段长，于1988年退休。伍加智小时候在老家泸州长大，13岁时来到巴塘，在巴塘上初中，毕业后，1987年进入巴塘养路段，被分到305K道班。这个班的班长是曹继仁，除了男同志陈斌、余全民、冯义华、蔡小勇、冯继方、张大明，还有吴群芬、李元清两位女同志。伍加智在305K道班干了一年多，就调到城区的401道班，都是当一线养路工人。1988年左右，伍加智开始学习开装载机，还到成都牛市口的成工装载机厂学习了一个月，回道班后又向老职工学习。技术过关后，伍加智在1989年到1996年这7年中，主要都是开装载机。但是勤学的伍加智却不满足于这点技能，于是又去学习汽车驾驶，开东风卡车。2004年，他调到理塘分局负责安全工作，干了3年后又被安排负责机料和安全，2011年任分局办公室主任。

伍加智的工作生涯中，1998年的洪灾给他留下的印象最深。1998年6月，第一次洪水袭来，就像脱缰野马，奔腾澎湃，国道318线一下就被冲毁了六七十公里。当时的雨很大，泥石流冲入9公里道班的房子，幸好人已撤出，没有造成伤亡。由于路已冲断，救援人员和被救的养路工人都只好待在大货车车厢里，货车就停在养护站地磅房。坐了几天，大家每天只能用干粮充饥。

1998年洪灾时参与救援的伍加智

伍加智

1998年7月，国道318线上有三四十处都是泥石流，义敦往巴塘一线大多数路面都冲毁了。甘孜公路养护总段的领导包括全部党委委员都赶来抢险。伍加智当时在391K养护站，开着装载机赶赴第一线。黄草坪有几处大坍方，不时有飞石滚下，非常危险。伍加智和其他几个驾驶员开着五菱装载机往黄草坪去。在其中一个坍方处，旁边的河水上涨，快漫到公路上，他们小心地往前开。正在这时，山上一块巨石滚下来，旁边的职工们一阵惊呼，伍加智也看到了，忙加大油门准备躲避，没想到路面打滑，装载机行动受阻，眼看石头就要冲到下面，几个职工都急哭了，伍加智心里也一片空白。这时，奇迹发生了，石头在途中被什么东西阻挡，自动解体了，分裂开的几块石头不但减缓了速度也改变了方向。大家松了一口气，但山上的小飞石和泥沙还是不少，有些都打到脚面了。伍加智他们用装载机把职工们接过去，继续抢险。抢险过程中，一台装载机被冲下河去，驾驶员尖安掉入河中，一下就被汹涌的河水冲出老远。他的徒弟在岸上，哭着焦急地往下游跑，想拉师父上岸，但河水太急，尖安在水里时沉时浮。幸好冲出几十米远后，尖安抓住河里的石头，自己湿漉漉地爬上岸来。师徒俩和同事们都泪流满面。

抢修公路很重要的工作是爆破，只有将水毁路段的一个个"拦路虎"炸开，才能方便大型机械清理和修建。由于公路大部分断道，无法通车，运送炸药的任务就只能靠人工完成。每次大家背着几十斤炸药，踩着被冲得坑坑洼洼的路面往前走，往返几十公里，从早晨6点要走到天黑。有一天，伍加智在黄草坪对面的山上，脚下一滑，差点就摔下山去。这个工作非常辛苦，但是大家都很敬业，从不抱怨。

在大家的努力下，水毁的路段总算可以通车了。然而，天有不测风云，1998年8月29日，暴雨再次倾盆而至，洪水把刚抢修好的路又冲毁了，还形成了波戈溪堰塞湖，严重威胁着下游民众的生命财产安全。巴塘当地政府与州公路局、巴塘分局邀请专家实地查勘，认为要先转移下游民众。在完成人员撤离后，工程人员将木棍绑成木排，把炸药放在上面，将木排向堰塞湖堵塞处放去，只听一声巨响，堰塞湖被爆开缺口，慢慢下泄，排除了隐患。在这次水毁中，黄草坪养护站的老房子、菜地、厕所都被泥石流冲走了，伍加智与另一个小伙子去县城汇报灾情。沿途的飞石让小伙子吓得大哭，伍加智拉着小伙子，躲着飞石，赶回县城向分局汇报。分局的文书没想到灾情这么严重，连称不可能哦。直到10月，才抢通全路段，但被水毁的100公里路，成了便道，车辆只能勉强通行。

2008年春节期间，在执行维稳保通任务时，巴塘分局抽调了30多人到海子山一带值守，当时的雪堆积有一米多高，职工们不断铲雪，保车辆畅通。大家一天一夜没有吃饭，晚上在车上坐了个通宵。

说起2018年的金沙江白格堰塞湖，伍加智称当时的堰塞湖形成后，造成公路被淹、公路涵洞堵塞、水沟堵塞，并给下游地区的人民生命财产安全带来严重威胁。就连通往西藏的金沙江大桥也被冲断，后来紧急搭建了钢架桥。国家应急管理部和四川省、西藏自治区调集各方力量，协调撤离相关地区受影响的民众，最后终于实现了顺利地过流泄洪。

据相关报道，2018年10月10日22时6分，西藏自治区昌都市江达县和四川省甘孜州白玉县境内发生山体滑坡，堵塞金沙江干流河道，形成堰塞湖，长约5600米，高70多米，宽约200米。10月13日，白格堰塞湖右岸拢口已完全冲开，江水以每秒5000立方米左右的流量奔流而下，堰前水位迅速下降，湖水水位下降20多米，溃坝隐患已完全消除。10月15日，金沙江堰塞湖洪峰过境云南迪庆和丽江，云南境内河道水情已趋于平稳。令大家都没想到的是，11月3日17时40分许，波罗乡白格村原山体滑坡点发生二次滑坡，塌方体体量较"10·11"山体滑坡更大，金沙江已断流并形成堰塞体，堰塞体总方量约500万方，堰塞湖蓄水量预测在9000万立方左右。11月8日，前线联合指挥部先后组织了15台机械设备，其中11台挖掘机（西藏1台）、4台装载机，施工人员34人投入抢险疏通作业。11月9日，开掘堰体3200立方米。11月12日10时50分，白格堰塞湖通过人工开挖泄流槽开始过流。13日12时，甘孜州投入抢险力量12000余人，调集挖掘机、装载机各类大型机具187台，冲锋舟8艘，皮划艇2艘；发放救灾帐篷366顶，棉被6383床，棉大衣裤3039套，其他生活类物资折款52.5万元，过渡临时生活补助资金106万元。11月13日16时，专家研判认为，堰塞湖出库流量已大于入库流量，且泄流槽处于溃流阶段，堰塞

1998年水灾后，巴塘公路分局用机械清理残存坍方（甘孜州公路建设服务中心资料图片）

湖蓄水量将逐步减少，堰塞湖上游险情得到缓解。在白格堰塞湖的抢险中，巴塘分局的职工们也奉献了自己的力量。

在巴塘县公路管理分局，我们见到了王建安、蒋代国、张俊，聊起1998年的水毁。王建安印象深刻，说当年他在375K道班当班长，水毁发生后，他们也参加了背炸药到一线，连养路段机关的人也参与进去了。炸药每箱是4公斤，每人要背4箱，一天两趟，往返是40公里，确实非常辛苦，加上水毁之后，道路崎岖难行，有时还只能走山上的羊肠小道，在茂密的树林里穿行，饿了就吃点泡面。有一天，当时20岁的周明，从坡上滑了下去，脚受了轻伤。现在周明已经是列衣养护站的站长了。2018年在金沙江堰塞湖抢险时，王建安也在一线。他说，当时州公路局领导还有陈勇等同志都到了巴塘。当时为了保证物资、人员能及时运到一线，到堰塞湖的路段分为三段，王建安被分在中间段。他用农用车拉着18桶柴油，守在指定位置上，为有需要的队伍发放柴油。但是，随着时间延长，王建安这个位置逐渐变成了前不挨村后不着店的"孤岛"。他和陈琪、严宏荣、徐海、益西达咕、张小勇在一起，晚上烧一堆火，轮换着巡查，靠着自己带的一点干粮坚持了一个星期。后来，上面一截的道路抢通了，才有人把帐篷和大米送过来。物资还不够用，就派陈琪走路回县城，组织物资背过来，这样王建安一行人又坚持了半个月。

王建安也是"路二代"，生于1966年。他的父亲在1970年退伍后，被安排在新华书店工作，后来调到公路系统，分到巴塘养路段。王建安在泸定长大，1984年顶替父亲参加工作，在305K道班干了8年左右，后来到375K道班当班长，2009年到412K养护站，2012年到养路段的机修组开装载机，2014年开9座的养护车，直到2021年退休。他说，干了几十年，也获得过州公路局的先进个人、县优秀党员等荣誉，但一晃就退休了，儿子王欣和媳妇都在巴塘，他现在就在家里接送孙子上下学，终于清闲下来。

蒋代国是1967年出生的。他的父亲蒋明权是重庆人，在1950年跟随十八军进藏部队来到甘孜筑路。蒋明权也参与了打通雀儿山公路。蒋代国曾听父亲讲，有一次他们遇到土匪，把工人们包围了，要他们放下工具，本来班组配发了枪支的，但恰好那天没带枪。正在危急关头，一辆邮车开了过来，邮车上一般有押运的解放军，匪徒们见势不妙，赶忙溜之大吉。

蒋代国1985年顶替父亲到巴塘养路段，被分到德达道班当一线养路工人，干了4年，1989年到375K道班任班长，后来又因工作表现好，被调到金沙江大桥守了7年桥。守桥班是15个人，四班倒，两个人一班，2小时交班，必须24小时值守，除了站岗巡查外，还要负责维修。蒋代国在这里干到1997年，才调到巴塘养路段当机修机具库库管，一直到现在。1995年，竹巴龙的一条河发大水，金沙江大桥也被淹没了，当时的段长杨德山带着机关里的职工赶到现场，蒋代国等守桥班的人配合着434K养护法的工人，一起在河里抢修拦河坝，最后把洪水挡开，保住了大桥的安全。1998年的水毁发生后，蒋代国已经在机修机具库当库管了，竭尽全力为一线提供材料，保证抢修工程的顺利进行。2018年白格堰塞湖抢险时，对材料的需求很大，蒋代国负责在仓库准备材料，保证前线需要的时候能及时到位，而外面运

蒋代国（左）与王建安

1995年水灾发生时，巴塘公路分局职工在抢修拦河坝（甘孜州公路建设服务中心桊图片）

回的材料又是他一个人接收，一天只能睡两三个小时。当时办公室的曾丹才参加工作不久，负责采买生活用品，也非常辛苦，常常凌晨两三点还去商店敲门买东西。蒋代国说，自己也快到退休年龄了。2020年，巴塘分局组织全体职工都去海子山捡国道318线上的垃圾。蒋代国看着王建安等在旁边铲沙，也想去帮忙扫下地，没想到一下就倒在地上，在车上吸氧才缓过来。

张俊是位女同志，1969年出生，父亲张光亮和母亲钟素琼都曾在434K道班上班，父母分别在1987年和1984年退休。张俊有四兄妹，自己排行老四，兄妹几人都在道班长大。父母每天都早上带着饭出去上工，要很晚才能赶回来。幸好他们有个小姨，因为身体有点残疾，就负责照顾他们。张俊是1985年顶班的，被分到375K道班，后来到364K、422K、354K、323K、列衣隧道等道班。375K道班张俊还待过两次。在一线待的时间久了，还受过伤，她长期以来在冬天上厕所都要歇几次，晚上躺不下去，只能坐着睡。几年前，张俊就退休了。

张俊

1998年，张俊还在375K养护站。洪灾发生那天是星期六，她和另外几个养护站的人正好到县城买菜，公路被冲断了，想搭车返回养护站，却只能到离养护站还有20公里的一个电站。当时天还下着雨，大家只好背起菜从山上的小道上绕行。山上很多地方也是泥石流冲出的深沟，遇到这样的地方要爬到大石头上，然后跳过沟去。女同志吓得大声尖叫，男同志就先跳过去，再伸手来拉女同志。这样在大雨和泥泞里折腾了很久，大家终于赶回了养护站，然后又开始了紧张的抢通工作。

张俊在323K养护站时，在2009年夏天雨后出门巡查路面，发现涵洞堵塞，忙回去叫上大家一起去清理。张俊负责推架架车倒泥土，她装好一车泥推到路边正往下倒的时候，路面突然垮塌，架架车带着张俊滚下去，原来是路基被洪水掏空，只剩了面上的沥青路面。架架车滚下水后倒扣在水里，说来奇怪，张俊滚下去后却稳稳地坐在架架车的横杠上，连她自己都不知道是怎么回事。同事们在她滚下去之后，都大声喊着她的名字奔过来，见她没事，这才放下心来，忙把钢铲的把柄递给她，把她拉上岸来。她到现在都还记得当时养护站工人的名字。女职工有杜庆红、苏云桂、王华珍、郑小兰、刘芳，男职工是唐强、陈勇、徐海。张俊记得还有一次，是星期天，她到县城买菜回道班，骑的是摩托车，谁知买了菜返回时，在泥石流旁边突然摔了下去，千钧一发的时刻，她抓住了一块石头，吊在那里，随时会有危险。这时375K养护站的周陇生发现了，连忙丢掉摩托，跑过来把张俊拉了起来。

已经调到雅江分局的王丽蓉至今还难忘当年白格堰塞湖泄洪时的情形。王丽蓉也是"路二代"。她的父亲王道华是遂宁人，1953年参加工作，后来到炉霍的54道班。1997年，王丽蓉参加甘孜公路养护总段的内

招进了公路系统，在炉霍养路段当出纳，2008年调到巴塘当会计。

王丽蓉说，2018年10月，在第一次金沙江白格堰塞湖形成后，巴塘分局全体出动，当时分局长达郎吉决定分段守护，王丽蓉也分了两个段。大家尽心守护，情况有惊无险。然而，11月第二次滑坡形成的堰塞湖，让大家的心都紧张起来。当时王丽蓉等人正在分局副局长赵全伟的带领下，与伍加智等在海子山的措拉养护站进行养护工作，待了三四天，听到堰塞湖要泄洪的消息，连忙往回赶。王丽蓉和伍加智、赵全芬赶回巴塘，负责给机械驾驶人员和其他救灾人员安排食宿。他们在巴塘分局搭起锅灶，做好饭菜后，马上背起就往救灾工地送去。那时分成三段抢险，王丽蓉他们送饭进去时，看到工人们满身泥浆，有的就睡在泥地上，有的睡在装载机的铲斗里。没饭吃的时候，工人们就用冷水泡方便面吃。长时间没有洗头、洗澡，工人们满脸满身都是或干或湿的泥，头发被汗水、雨水、泥水凝结在一起，一根根直立起来，让人想到"怒发冲冠"这个词，这情景让人感动。

当时浪荡河养护站、竹巴龙养护站、江口养护站受损成危房，老金沙江大桥危在旦夕，上级决定用沙袋给桥梁增重。于是，伍加智、王丽蓉、赵全分等人又组织起十多个人，在金沙江边扎沙袋。沙袋陆续被运到老金沙江大桥上，大桥暂时稳定下来，可是随着泄洪量的增大，大桥还是被冲走了！大家看着被冲得光秃秃的桥墩，心里空落落的，都很悲伤。

王丽蓉

2022年10月下旬，笔者来到巴塘的竹巴龙，放眼望去，这一段的金沙江江面相当宽阔，原来被冲走的老金沙江大桥原址的一端，还剩了一点桥面，可以想见4年前的水有多大。往下是后来修建的临时桥梁与永久性钢筋混凝土大桥，过了桥对面就是西藏境内了。当时虽因疫情防控的原因，大桥上禁止通行，但听着巴塘公路分局同志的描述，想象4年前甘孜公路人抗洪的感天动地的壮举，不禁暗自感佩、赞叹。

2018年金沙江白格堰塞湖抢险间隙，工人们在工地小憩（甘孜州公路建设服务中心资料图片）

2018年金沙江白格堰塞湖抢险（陈勇/摄）

2018年金沙江白格堰塞湖抢险期间工人们在工地上就餐（甘孜州公路建设服务中心资料图片）

第四章 雪线上那一抹橘红

天路见证

　　榜样的力量是无穷的。近70年里，甘孜公路系统涌现了许许多多先进人物。他们的故事让熟悉他们的人充满了回忆，那些一同战风雪、斗坍方、抗水毁、救人于危难之中的一幕幕场景，随文字重现眼前。他们的故事也同样让不熟悉他们的人赞叹不已。他们是几代甘孜公路人的代表，他们的背后，是无数"甘当路石"的公路人无私的、默默的奉献。正是因为这些最美的人，造就了甘孜公路的辉煌，而他们的精神将被后辈们永远传承。

第五章

最美的路最美的人

天路见证

雪山铁人——陈德华

　　说到雀儿山五道班，有个人是不能不提起的，他就是全国劳动模范、全国优秀共产党员、全国"五一"劳动奖章获得者陈德华（藏名扎西降错）。1958年出生在德格的陈德华，2022年已经64岁，退休后在成都居住。见到他时，他还留着标志性的"八字胡"，眼睛里满是笑意。陈德华1983年就上了雀儿山，1988年担任雀儿山五道班第16任班长，在"生命禁区"里扎根20多年，被工友和过路的司乘人员称为"雪山铁人"。

　　五道班管辖的10多公里路段中，大多路况复杂，险象环生，而其中有100多米更是岩高、坡陡、路窄、弯急，汽车行驶到这里，只能挂上一挡，慢慢悠悠开过去，这里也被大家称为"老一挡"。要是遇到风雪天气，行驶在这一段路上更是十分危险。陈德华带领五道班的同志，顶着凛冽的风雪，加宽路基，改弯降坡，修筑挡墙，苦战40天，把"老一挡"变成了"放心路"。另一个危险路段"老虎嘴"，高坡边的风化岩石，峥嵘外露，车辆路过时发出的震动，都可能让石头砸下来，发生危险。陈德华和同事们认真排除该地段的隐患，将"老虎嘴"的"尖牙"拔了个精光。在长期的坚守中，陈德华带领五道班的同志完成维修工程90余项，其中改造险要路段60多处，加宽窄路20余处，完成土石方量2.8

万余立方米。1995年，一场大雪覆盖雀儿山，陈德华照例一大早起来推雪开路。然而，雪雾越来越浓，两米开外就是一团模糊，看不清道路，路上的车随时都有车毁人亡的危险，驾驶员们也提心吊胆。这时，陈德华倒过方钯当拐杖，走到第一辆汽车前，以自己的身躯当路标，喊声"跟我来"，便引导着汽车前进。驾驶员们看着前面穿着橘红色衣服的陈德华，心里踏实下来，开着车慢慢前行。陈德华顶着寒风，踩着齐膝深的冰雪，短短10公里路程，走了近4个小时。工友们多次来替换他，他都坚决不同意。等把汽车引导到安全路段时他就再也走不动了，缺氧加上严寒，他的嘴唇和脸颊都成了深紫色。工友们急忙把他送往五道班住地急救。他们几十年如一日热情无私地帮助过往雀儿山的客车、货车、军车、邮车、地质车、旅行车……工友们结下了深厚的兄弟友情，亲如一家。1990年，陈德华根据雀儿山上会车困难的问题，向上级主管部门递交了在雀儿山实行冬季交通管制、车辆分时段单向放行的报告。雀儿山实行交通管制后，堵车次数下降为零，交通恶性事故下降了90%。1992年5月19日，一辆满载木材的货车从德格驶往马尼干戈，在离五道班

2017年9月26日，雀儿山隧道通车典礼后，陈德华（第二排中）与工友们合影留念（陈勇/摄）

还有600米的地方，却冲到路边，进退不得。陈德华和同事们闻讯后，立马赶到现场。他们把车上的木材一根根卸下来，然后把车推回路上，再把木材全部装上车。号子声、加油声响彻雀儿山上空。在货车脱离危险准备再次出发时，驾驶员拿出200元钱来感谢他们，他们拒绝了。工人们说："要是为了挣钱，就不会到这里来了。养路护路是我们的职责，为驾旅人员排忧解难也是我们的义务。"陈德华为了工作曾三次推迟婚期，在山上的20来年，从未请过事假、病假，连探亲假也很少享受。1996年腊月间，陈德华的妻子降拥志玛带着儿子上雀儿山过节来了。暴风雪也不期而至，垮塌的巨大雪方将上百辆的车堵在山顶，零下30多度的雪地里，陈德华把受困的人们有条不紊地疏散到道班工房里，安排妥当后，叫刚到的妻子烧火、煮饭，让老人、小孩睡在铺上，其他人则轮流烤火。陈德华把全道班的口粮拿了出来，把妻子带的年货也拿了出来。1997年春节，他的妻子又一次带着孩子上山来陪陈德华过节。他们一家人共有3次在山上过春节。①

2003年3月13日18时，一辆从成都到昌都的卧铺车，由于驾驶员操作失误，在距五道班1.5公里处差点冲下悬崖，车辆悬在路旁，乘客还在车上，随时都会出现车毁人亡的严重后果。得知险情后，陈德华不顾疲劳，急忙和战友们带上铲雪工具，以最快的速度赶到出事地点，小心地和大家一起将车辆稳定后，把车上的乘客疏散到安全地带，同心协力把道路上的积雪铲掉，再用石块垫住车胎防滑，经过三个多小时的努力，终于使客车脱离险境。2004年11月25日深夜，一场雪崩把一辆路过的货车埋没。得知险情的陈德华翻身起床，带领同伴们急匆匆地赶往出事现场，用推土机将被湮没的车拖出，但货车刚一晃动，堆积在上面的积雪又骤然塌下，把货车埋得更深。陈德华毫不犹豫地用手中的铁锹砸向车窗，不顾玻璃刺伤自己，探进身子，将驾驶员连拖带抱地弄出驾驶室。据不完全统计，陈德华和工友们每年救助抛锚遇险的车辆达150多次，接

---

① 路宣：《雪山养路人——记全国优秀共产党员陈德华》，载《四川党的建设》（城市版）1997年。

陈德华和五道班职工在工地吃午餐（甘孜州公路建设服务中心资料图片）

陈德华（右）带领五道班工人自力更生构筑挡土工程，排除隐患（甘孜州公路建设服务中心资料图片）

在雀儿山五道班工作期间，陈德华为过往车辆驾驶员送开水（甘孜州公路建设服务中心资料图片）

退休后的陈德华已定居成都

待驾旅人员4000多人次。多年来，他们累计接待的驾旅人员达56000多人次。他们经常拿出有限的生活用品，给客人们生火取暖、烧菜做饭、添衣加被、端水送药，以真情实意温暖着人民群众的心，被群众称为"川藏线上生命的守护神"。

在陈德华和雀儿山五道班的同志们的潜意识中，助人为乐已经成为一种自觉的行动。时任甘孜公路分局局长的周洪明说起一件事，很有感触。一次陈德华作为工作组成员到甘孜检查工作，当时甘孜分局的工人们正在铺沥青，看到大家忙不过来，陈德华就很自然地拿起工具，主动帮着铺路。

扎根"生命禁区"的方瑞琼

　　甘孜公路人凭着默默的奉献，创造了无数的奇迹，也受到了党和政府的褒奖。石渠分局马石路三道班班长方瑞琼生于1965年5月，藏族，炉霍县人。1986年1月，她被石渠公路分局招收为合同制工人，分配到马石路14班。马石路是省道D217线的起端，起点位于川青交界处的安卜拉山顶，是四川省连接青海省和开发西部的一条重要通道。马石路是指马尼干戈到石渠这段路，平均海拔4000米以上，长冬无夏，四季不分明，无绝对无霜期，年平均气温−1℃～6℃，极端最低气温−45℃，被称为"生命禁区"。方瑞琼虽然是女同志，却有着顽强的性格。当时三道班共有7人，其中就有两名女职工。她带着全班人，战风雪，斗严寒，硬是将等外级的土路养护成了宽阔舒适的"土柏油路"。石渠海拔高，经常下雪，一到冬季，工人们的手、脚、耳等常被冻伤。作为女同志的方瑞琼，同与男同志一样奋战在公路养护的第一线。

　　2003年10月，通县油路工程完工后，交与石渠公路分局管理养护。方瑞琼带领三道班职工，对分局下达的30公里油路的养护任务充满信心。方瑞琼按照上级的总体要求，建立完善管理制度，加强职工思想政治工作，还开展了向陈德华同志学习的活动。方瑞琼带领职工做好日常养护工作。他们采备材料、修补路肩缺口、洒泼油料、清理水沟涵洞、扫飞石、补坑凼等，每天工作在10小时以上，晴天一身汗，雨天一身泥，雪天一身雪，渴了喝山泉，饿了啃干粮。管辖路段平整、舒适，公路养护成绩始终名列全分局前茅。

方瑞琼常常脏活抢着做、累活争着做、险活带头做，使职工真正感受到班组这个"家"的温暖和班长这个"家长"的爱护。恶劣的环境和艰苦的条件给职工们的身心健康带来了极大的威胁，高原性心脏病、肺心病、风湿、胃病等恶疾缠绕着他们，但他们依然揣着药物坚守工作岗位。

方瑞琼在道班一干就是二十年。她常说："我们养路不是为了挣钱。现在政策好，挣钱的地方很多，要挣钱，我们不会选择养路，但养路工作总要人去做，只要我自己身体还好，就一定要把这条路养护好。"由于石渠海拔高、气候恶劣，子女只能放在老家交与自己年迈的父母养育。2003年，和方瑞琼相依为命，一起工作、生活十多年的爱人因车祸撒手人寰，痛失爱人的沉重打击没有使方瑞琼倒下，反而使她更为坚强。她强忍着悲痛，安排好爱人后事之后，又迅速投入工作。这一年她获得州劳模的光荣称号，还获得全国五一劳动奖章。[①]

方瑞琼在清理涵洞

方瑞琼在公路养护工地（甘孜公路建设服务中心资料图片）

---

① 甘孜州公路管理局《州公路志》编纂委员会编：《甘孜藏族自治州公路局公路志》（1993—2008），电子科技大学出版社，2010年。

第三节

首个女分局局长——陈德丽

　　1967年8月出生的陈德丽是"路二代"，父亲陈绍清是十八军进藏修建康藏公路时参加工作的。陈绍清在炉霍的48道班当班长，后来在炉霍分局退休。陈德丽家里有四兄妹。小时候，她感觉父亲总是不能回家，觉得父亲的工作实在太忙。陈德丽十一二岁时，母亲也去了48道班做临时工，陈德丽就跟着哥哥一起在家里上学，每天要帮着做家务。1983年，陈德丽高中刚毕业，父亲也退休了，她就顶替父亲进了养路段。在分配道班时，陈德丽被分到了老折山四道班。她说，她应该是第一个被分到高山班的女职工。老折山海拔4500米，位于甘孜州色达县和炉霍县交界处，西距炉霍50公里。随便在网上一搜，就有不少"驴友"在隧道打通前。挑战老折山的文字和视频，但其时的路况和条件与1983年那时比起来，完全不可同日而语。陈德丽回忆，去道班报到时，是父亲送自己上去的。当时，已是冬天，陈德丽和父亲坐在养路段的485柴油车车厢里，没有遮挡，寒风吹来，冷得全身发抖，陈德丽心里也是一片荒凉。到道班后，父亲找了些牛粪做燃料，煮好了饭。在千叮万嘱地交代好陈德丽要安心工作之后，父亲第二天就返回了。看着父亲离去的背影，陈德丽的眼泪汩汩地流下来。那年，她才16岁，正是女孩子的花季年龄，却要每天按时起床上班，清理公路边沟、涵洞、打飞石。冬天要打冰、除雪，第一次参与打冰，陈德丽不知道怎么打，还是道班的同事们帮助她。那时，山上买不到菜，到了春天，他们就自己种菜，萝卜、莲花白、土豆，只要努力播种，就有菜吃，但秋冬季节，常常是没有蔬菜，就只能吃冻油、冻菜。春节期间，段上发菜，也只有很少的青菜，加两个海椒。她说，同志们都对她很好，把她当小妹妹看待，也使她度过了枯燥、艰苦的那段日子。

炉霍老折山土路养护（甘孜州公路建设服务中心资料图片）

陈德丽在道班的几年中，从没有忘记通过学习提高自己。1988年，她考上了四川广播电视大学，学习工程专业，于1991年毕业。1998年，陈德丽被调到道孚，后又调往丹巴搞检测。2001年，她又回到了炉霍。在这里也开始了她人生中的一次飞跃。2005年，甘孜州公路管理局深入推进用人机制改革，在道孚、炉霍、石渠三个分局率先开展领导岗位的竞聘。陈德丽知道消息后，觉得自己自学了不少东西，又有丰富的一线经验，但还要在工作中提高自己的专业水平，于是勇敢地报了名。结果她在竞聘中取得了第二名的好成绩，被任命为炉霍分局的局长，成为整个甘孜州公路系统中的第一个女分局局长。

上任后，陈德丽发挥自己的优势，率领全分局职工奋力拼搏，解决了不少棘手的难题。2008年，翁达电站开始蓄水，随着水位慢慢上涨，也把电站旁的公路淹了，车子很容易陷进去。一天，一辆从阿坝壤塘开来的货车就陷在路上，一会儿，两边就堵起了长长的车队。陈德丽闻讯忙组织人员赶去，用装载机把陷入的汽车拉出，又用连砂石填补路面，打通了道路。但这种水淹公路的情况仍时有发生，陈德丽只好通过州公路局、交通局等层层申报，建议这一段公路改道绕行。在这期间，他们发扬"甘为路石"的精神，只要水一淹上公路，就去填路。直到2012年，这段路终于改道成功。在老折山修建隧道时，他们承担了保通工作。那时，修隧道的工程车和民用车辆常常发生堵车，尤其是遇到五一、国庆的长假，更是堵得一塌糊涂。他们要早上6点赶去，晚上11点才能回家。分局养护站的工人不但要清水沟、铺路面，还要指挥过往车辆。2009年，一名驾驶员不听指挥，冲到前面却陷进泥里，还动手打了工人李俊，后来，做了报警处理，那名驾驶员也道了歉。

退休后定居成都的陈德丽

陈德丽说，当局长就是一个字，累。2013年，她获得全国五一劳动奖章，但因工作原因，没能去北京领奖，这成为她心中的一个遗憾。她结婚后，两个儿子长期放在成都由老人带，自己很少带。这是她的另一个遗憾。她说，好在现在已经退休到了成都，也当上了奶奶，为儿子、儿媳带孙子，也算是一种心理上的补偿吧。

川藏线上"活雷锋"刘德贵

2019年，中共中央宣传部评选出了第五批全国学雷锋活动示范点50个和岗位学雷锋标兵50名，甘孜州公路管理局康定分局贡布卡养护管理站三级技术工刘德贵榜上有名，成为全省两名被评为全国岗位学雷锋标兵之一。

1966年3月，刘德贵出生在康定市新都桥镇的一个工人家庭，他的祖父和父亲都是一名公路养护人。在长期的耳濡目染中，"当一名公路'医生'，在高原上守护汉藏交通大动脉的畅通，促进民族地区经济发展和让藏汉各族人民安居乐业"的想法，像一颗种子一样"种"在了他的心里。

1985年10月，19岁的刘德贵如愿以偿，成为剪子弯山公路养护管理站里的一名公路养护人。剪子弯山公路养护管理站站点海拔4659米，承担着国道318线剪子弯山段的管理养护工作，作业路段的海拔都在4000米左右，高寒缺氧，冬季漫长，是当时州内自然环境最差、车流量最大、联动影响最广的公路养护站之一。

当年，工人们住的房子大多是俗称的"干打垒"，就是用石块和泥土结合作为墙体，然后覆盖野草、胶纸等物品，不仅保暖效果差而且地面潮湿。"高原上冬天长、风雪大，衣服、铺盖本来也不多，晚上就只

刘德贵在进行公路养护（陈勇/摄）

有几个人挤在一起睡。早上起来，摸到生产机械，手指都会被冻住。"那时的养路工人虽然粮食由国家统一配备，但是蔬菜、水果的供应却极其匮乏，加上驻地周边根本种不出蔬菜、水果，所以养路工人有时几天都吃不上蔬菜。"吃水果、蔬菜，主要都靠过往的货车司机帮忙从内地带过来。冬季大雪封山，车子来不了，就没有吃的，时间长了，很多人都因为缺乏维生素而牙龈出血，很多工人由于长年累月工作和生活在高原，患上了心肌缺血、高血压、风湿关节炎等高原病。"

相比于生活上的困难，工作上的困难更加严峻。在科技落后、物资匮乏的年代，铁锹、铁铲、铁锤、方耙是养路工人必备的工具，养护公路、除冰排险、应急救援等各项工作主要都依靠人力完成。高原的冬天，气温极低，公路上常有很深的雪或者很厚的冰，为了排除安全隐患，刘德贵和同事们经常需要顶着风雪，连续作业。他说："雪太大了扫不赢，冰太厚了撬不动，经常冷得四肢僵硬、脸部瘫痪，手脚冻伤更是家常便饭……"

生活艰苦、工作辛苦、根本没有文化娱乐生活，面对枯燥乏味的茫茫高原，正值青春年华的刘德贵却发扬了父辈的坚韧和刻苦精神，没有半点退缩和后悔。"还有很多同事都是内地来的，年纪比我小，根本没有高原生活经历，还要克服严重的高原反应和背井离乡的困难。内地来的汉族兄弟都能够无怨无悔地坚持，我肯定不能后退，给父亲丢脸。"

1990年11月，西藏境内突发大雪，交通受阻、物资受损，农牧民群众的基本生活得不到保障，国家决定紧急从成都方向调运应急救援物资入藏，刘德贵负责管护的剪子弯山路段便是车队的必经之路。受暴风雪影响，该路段及其周边区域的20多公里道路，通行条件极差，且气温降到了－15℃，除雪保畅困难重重。

车队过不了剪子弯山，物资就到不了受灾群众手中。而要冒着大雪疏导交通则异常辛苦，且有很大的危险，工人们必须要在低温寒潮的环境中挑战自己的体能极限。

接到任务后，刘德贵和全班同事第一时间跟随单位派的两台推土机连夜上剪子弯山保通。为了确保救灾物资尽早送达灾区，他走在车队的最前面，用双脚和铁锹为推土机探路。连续走了9个多小时，极度的疲劳使他双脚如同灌了铅一样，每挪动一步都异常艰难。一路上，他如果饿了，便从背包里拿出干粮，顺手抓一团雪，一边吃，一边继续探路。第二天凌晨4点，运送救灾物资的车队终于翻过了剪子弯山，顺利将救灾物资运抵灾区。

2004年，刘德贵被调到贡布卡养护管理站。贡布卡养护管理站的管护范围涵盖国道318线折多山段，该路段是甘孜州车流量最大的交通"动脉"，这意味着刘德贵肩上的任务更重，但他在繁重的任务面前依旧冲在最前面。

2007月11月，在刘德贵所辖路段，发生了一起两车相撞的交通事故，交警处理完事故现场后，碎片满地，杂物狼藉，存在安全隐患。他和同事们赶到现场后，马上拿起工具清扫杂物。他们这一举动令在场的交警和围观群众赞不绝口，现场的交通秩序也很快得到了恢复。

2016年4月22日，一辆康定至石渠方向的客运车辆侧翻于路边山坡。刘德贵和同事第一时间赶到事故现场，积极参加救援工作。他在满是碎片和血迹的现场从客车内亲手抱出伤员，为他们争取救援黄金时间……

刘德贵对同事对群众都充满了热情。平时不管班上哪位同事有困难，他都要主动为他们排忧解难；不管哪位同事病了，他都主动端茶送饭、问寒问暖。对周围的群众，他更是有难必帮，树立了良好的党员形象。

　　"起早贪黑劳作的公路线上""第一时间赶往抢险现场""身先士卒冲在排险一线""默默无闻守护公路安全""心贴心照顾工作同事"……1985年到2019年，投身公路养护事业34年，刘德贵认为"自己做的都是该做的，而且做得还不够好"。①

―――――――――

①　刘小兵：《川藏线上的活雷锋——记全国岗位学雷锋标兵刘德贵》，《甘孜日报》2019年3月5日。

天路见证

第五章　最美的路最美的人

青春洋溢的分局班子

德格是个神奇的地方，这里不但有美丽的自然风光，而且有珍藏着整个藏文化70%以上典籍的德格印经院，相传还是藏民族史诗中的英雄岭·格萨尔王的故乡，流传着各种美丽的传说。2022年6月，我们来到德格，在印经院汗牛充栋般的印版间徜徉，看非遗传承人认真地雕刻着新的印版，看一张张经文被印刷出来，耳边唱响着动人的梵呗……那一刻，心是沉静的，感觉时光凝固在这里，世间美好也凝固在这里，那些绝美的纹样，仿佛都曾出现在梦中……

傍晚时分，我们赶到德格。在德格公路分局，局领导指挥着工人，正在垫高地面。一问，才知道由于分局所在的地方地势较低，洪水上涨之后，容易被淹，为了防止再次被淹，这次他们下定决心，把地面垫高起来。过了一阵，副局长万强和工会主席呷绒拉姆也赶来了。乍一看，分局的班子成员都非常年轻，全身散发着青春气息。杨宪蓉告诉笔者，德格分局的班子3人都是"路三代"，是甘孜公路系统里是平均小最年轻的班子，而且，这个班子非常团结。在德格，除了国道317线外还有多条支线公路，冬天时常有雪灾，夏天的洪水容易冲坏路面，在这个班子的带领下，德格的公路建设和养护做得很出色。

局长李超是1986年出生的。他的爷爷李心跃10多岁就从老家资中出来，先是参与修建成渝铁路，又去修成阿公路、成噶路，后来到甘孜公路养护总段，分到理塘的112K、135K道班，1985年在禾尼道班退休，在理塘待了35年。李心跃一两年才回老家一次，每次回去，都要带很多牛肉、羊肉等东西。退休回老家时，李心跃从甘孜拉木料回去，把以前破旧的房子翻修一新。但是他仍然没有改掉在道班上班的习惯，每周的周一到周五都要做农活，周六和周日休息，保持着原来的工作状态。他还把甘孜公路人"甘当路石"的奉献精神也带了回去，看到老家的道路崎岖难行，便自己掏钱买料，把路铺好。在铺路那一刻，老人可能感觉又回到曾经生活工作多年的高原公路上，虽然身边没有战友，但技术还在，那种精气神还在，那些家乡的路也被他养护得很好。李心跃于2014年去世，终年88岁。

李超的父亲李顺元在1985年顶班到甘孜公路养护总段，在315K道班上班，后被单位安排到成都进修3年医疗技术，回来后就在国道318线的塔子坝当医生，经常要到各工区巡诊。李顺元后来到理塘分局搞人事

李超（中）、呷绒拉姆（右）
与同事李毅在雀儿山下

李超（右二）与德格分局职工们在工地吃午饭（甘孜州公路建设服务中心资料图片）

工作，2015年退休。李超就在父亲顶班到甘孜后的第二年出生。在他和妹妹两三岁时，母亲就到甘孜来照顾父亲，所以大多数时间都是爷爷和奶奶带他们，父亲只回去过一次，他们也感觉和爷爷、奶奶的感情更深一些。

李超是2008年参加工作的，在稻城分局待了6年，2014年任稻城分局副局长。这一年他和妻子结了婚，妻子也是"路三代"，岳父在乡城分局工作，和父亲是学医时候的同学。但李超和妻子谈恋爱时，他们的父亲都不知道。在2014年，李超被抽调到道桥工程项目上工作。色达到色尔坝的公路是当时最难的，投资5个亿，指挥长是罗成和。李超被任命为项目工程处处长，管工程计量、质量、费用、安全等，非常繁杂。但他不懂就问，一个项目经理和他较劲，李超就守着工地较真质量，最后，这段85公里的路获得优良工程奖。2018年到2019年，他还在丹巴到八美的修建工程项目上工作，这次被正式任命为工程处处长。2019年12月，李超就被调到德格分局任局长。

说起自己的家庭，李超有些遗憾地说，妻子在德格交通局，几年前生下了一对龙凤胎，现在儿子是在老家资中的父母在带，女儿是岳父母

德格分局党支部举行主题党日活动（甘孜州公路建设服务中心资料图片）

在带。只有等假期才能接孩子到德格来玩。平时只能每天回家后和两个孩子视频，但这也是最高兴的时候。说起分局的领导班子，李超说他们都很年轻，大家都配合得很好，今后德格分局可以说是未来可期。

德格分局的副局长万强在外忙碌，很晚才回到分局接受采访。万强的爷爷万忠德、外公陈太和都是20世纪50年代参加工作到甘孜的，同在1985年去世。万强的父亲万贵良在1979年顶替爷爷参加工作，在理塘的兔儿山道班。万贵良学过木匠和铁匠，手工活做得很好，尤其是制作烧柴的小钢炉，外形好看，又好烧，可以说是人见人夸。母亲陈秀华和父亲相识在一个道班，1982年结婚，第二年生了万强。因为当时养土路，灰尘很大，陈秀华又要抽烟，就患上了肺癌，才59岁就去世了，那年是2019年，陈秀华病情恶化，可万强正在进行采用环保材料来铺路的新型预防性养护试验，这是州局安排的任务，当时正进入关键时间，脱不开身。后来等万强急匆匆赶到时，母亲已经被送进殡仪馆了。

万强是甘孜财贸学校毕业的，2003年参加工作，分到炉霍公路分局，2006年到乡城分局当出纳，2011年到白玉分局当会计，2016年任副局长督导财务。他以前在雀儿山上干过两年，管养30公里的土路，但山上的材料不好找，很多时候辛苦10天，养好了全部负责的路段，可一场雨后，又被冲烂。2017年的冬天，一个大货车开到半山，却遭遇大雪封路，司机跟着道班工人一起吃住3天。由于山上没信号，司机家人以为出了危险，还报了案，后来司机下了山，才第一时间和家人联系说明了情况。

2018年3月，一辆运送肉类的大货车，在雀儿山上堵住了路。万强接到当时的分局局长丁万华的电话，让他带人上去。万强便　组织了二三十个人上去，每人背着风镐和食物，一连干了两个通宵，二三十个人才铲了几十米。

德格分局的工会主席呷绒拉姆是个美丽的藏族女子，喜欢唱歌。拉姆的母亲汪桂英1986年顶外公汪克成的班到甘孜公路系统，分到雀儿山七班，后调到64道班、61道班。她虽然是女工，但那时干得不比男工少。2022年时汪桂英56岁，但已经退休八九年了。在甘孜县邮政局的家属宿舍，汪桂英聊起了自己的往事，也聊起了拉姆。在道班时，汪桂英的个人问题成了她的妈妈操心的事，于是就给她介绍了邮车司机嘎登。嘎登长期跑国道317线，和道班工人相当熟悉。汪桂英和他认识后，就

呷绒拉姆幼年时和父母的合影（汪桂英供图）

经常搭他的邮车。开始时汪桂英觉得嘎登大她17岁，还离过婚，心里有点不愿意，但两人经常接触，慢慢就有了感情，恋爱了两年，还是结婚了。汪桂英25岁时生下了拉姆。拉姆渐渐长大。汪桂英退休后，拉姆被招聘进公路局，她有过一次短暂的婚姻，留下了一个孩子。汪桂英就在甘孜县城的家里帮拉姆带孩子，为拉姆解除后顾之忧。

　　2015年，拉姆受组织的安排来到了德格县打滚乡康秋村党支部任第一书记，开展驻村工作。这里是牧民地区，主要以山沟为主，村民们居住分散，采取"近走路、远骑摩托车"的方式。拉姆将174户村民全部走访了一遍，当时识别出贫困户73户289人，了解了他们的基本情况和致贫原因。

　　这里的环境特别差，没有电，没有水，没有一条通村路，没有一条入户路，没有党群活动中心，也没有办公室。2015年，康秋村需要建一个蓄水池，当时村民与修建工程队意见不一致，有些村民不理解，要去找寺庙解决问题，后来通过专业技术人员的指导，拉姆在其中帮他们调解和翻译，并和专业人员挨家挨户给村民们做思想工作，最后实现康秋村安全饮水工程全覆盖，彻底摆脱了饮水难的问题。这是拉姆到康秋村做的第一件实事。

　　2017年康秋村要"脱贫摘帽"，这对拉姆来说是一个很大的挑战。拉姆带着村"两委"挨家挨户宣传国家的扶贫政策。在建设基础公共设施的过程中，拉姆给施工人员和村民做翻译工作，到现场监督工程进度，解决出现的各种矛盾。为促进康秋村集体经济发展，利用产业扶持基金建立了康秋村产品加合作社。当时拉姆想开一个扶贫超市，对于从来没有做过生意的拉姆来说，在农村开一个扶贫超市不是那么简单的事情，那时的工作就是每天扎根超市里面，看着真的有点像女老板了。

　　拉姆与康秋村结下了很深的缘分，圆满完成了一届驻村工作后，心里很不舍。回到德格公路分局后，还是有村民到单位叫拉姆帮他们办事。拉姆想：我虽然现在不是第一书记，但还是一名共产党员，这是我应该做的事情。在不久后上级又安排她驻村，她就将孩子又交给了母亲，第二次回到了打滚乡康秋村。又是两年的扶贫工作结束，拉姆走的

呷绒拉姆在康秋村担任第一书记时冒雪看望村民（呷绒拉姆/供图）

时候，干部们纷纷给拉姆献上哈达。拉姆对这里的群众已经产生了很深厚的感情，群众离不开拉姆，她也离不开群众。康秋村大大小小的事情，他们都要找拉姆，这使得拉姆第三次来到了打滚乡康秋村。

5年的第一书记经历，是拉姆人生中第一次基层经验，也是很好的成长的经历。2014年拉姆光荣地加入中国共产党。她认为党员基层工作者要真正融入到群众当中去，为群众办实事。

在这脱贫攻坚的5年中，康秋村从没有电，到家家户户都有了明亮的电灯；从喝着河水里混浊的水，到家家户户都喝上安全的饮用水；辍学在家的小孩也背着书包上了学堂。现在康秋村也有了党员活动中心，每个月开展两期的牧民夜校。拉姆说："5年时间康秋村发生了翻天覆地的变化。这期间我改变了群众，群众也改变了我。"①

---

① 据东南卫视《中国正在说》2020年10月19日播出节目"天路——东西部协作扶贫的德格实践"。

248

第六节

胡开贵烈士的故事

1966年9月22日下午一点半，甘孜段渡工班政治班长胡开贵正在渡船上进行渡运汽车的准备工作，忽然看到大河上游顺水冲来一只小船，船上坐有两个大人、两个少年，哭喊呼救。小船流速很快，直向30多吨的大渡船冲来，眼看连人带船就有被吞没的危险。在这千钧一发的紧急关头，胡开贵不顾个人安危，为抢救人民生命财产，叫其他同志立即将大渡船的主缆解开，自己拿起篙竿，跑向船头跳板，用篙竿把小船撑进回水岸边，使4人生命得救，自己却因用力过猛，身体失重，被篙竿仰面打倒在小船边，碰伤跌入河中，被激流冲走，经搜寻一直未能找到，不幸光荣牺牲，时年27岁。

胡开贵出生在四川五通桥牛华镇解放街6组50号一个工人家庭，1956年参加工作，同年11月加入共青团，曾多次被评为先进生产者，做了不少助人为乐的好事，受到职工们的称赞和组织的表彰奖励。

胡开贵烈士

胡开贵光荣牺牲后，省、州、县、厅、局、总段极为重视。根据胡开贵同志生前的三次入党申请，中共甘孜县委于1966年11月4日追认他为正式中共党员。1966年9月28日，甘孜县委、县政府和甘孜公路养护总段党委、行政在甘孜县城联合举行了隆重的胡开贵烈士追悼大会，各族各界数千人参加。州、县、总段党政领导亲切会见并慰问了胡开贵烈士的亲属和被救的甘孜县城南公社团结生产队两位社员、甘孜中学六七级一班学生何光旭、甘孜县第一完小高一班学生朱炳康。中共甘孜州委、省公路局党委、中共甘孜县委、总段党委、州团委、州直属机关团委、总段团委先后做出决定，号召全州各族人民、全省公路职工、全州团员、青年，向胡开贵同志学习。州委工交政治部、州工会工作组发出《广泛宣传和学习胡开贵英雄事迹的活动的通知》。《甘孜报》1966年11月20日增刊4版并连续介绍了胡开贵烈士的英雄事迹，发表了题为《一心为公的共产主义新人》的社论。总段党委、行政编印了《胡开贵烈士生平事迹》。四川省革委会于1970年12月11日，以川革函（70）1321号文批准，追认胡开贵同志为烈士。①

退休后定居新津的赖正荣
在家里接受采访

以上是胡开贵烈士牺牲时的一些情况，但在英雄的光环下，他的家庭、家人情况如何，是一般人无法了解到的。在采访中过程，一些老人告诉我们，胡开贵还有个儿子，但胡开贵牺牲后的情况，大家却知之甚少。后来，了解到胡开贵的妹夫赖正荣在总段搞过保卫工作，一定知道情况。于是在2022年7月16日，笔者专程赶赴新津普兴街道回龙村，寻找早已退休的赖正荣老人。

84岁的赖正荣是1958年参加工作的，先是在凉山会东的煤矿当矿工，后

---

① 四川省甘孜公路养护总段编：《甘孜州省管公路志1950—1992》，1994年2月。

来又到铜矿挑木炭去炼铜，一年后调到会东的印刷厂当排字工，1963年调到甘孜公路养护总段，分在德格12道班，1964年到甘孜县养路段的61、64道班当班长。在64道班的时候，他任班长，胡开贵任副班长、测计员，两人相处得很好。胡开贵牺牲后，赖正荣也非常悲痛。后来，在单位的照顾下，胡开贵的妹妹胡桂芳顶班来到甘孜，把妈妈也带来一起生活。经过一段时间的相处，胡开贵的妈妈觉得赖正荣人不错，于是就主动给两人拉线，两人于1968年结婚。胡开贵牺牲时，儿子胡超已经5岁，胡桂芳和赖正荣结婚后，就把胡超带在身边，供他在康定上小学、初中、高中，直到高中毕业后，才让他回乐山的爷爷、奶奶家里。后来，胡超还是和妈妈一起生活。

1965年，因工作出色，赖正荣被调到总段团委，后来还被选为总段团委副书记，那时的团委书记是由副总段长王若汉兼任。正如前面提到的，这期间，赖正荣还被抽调参加过雅江大桥的修建工作。此后，赖正荣又当了青年委员，负责青年工作。1974年，他还作为带队干部，带领总段和其他单位的几十名知青到甘孜县绒坝岔公社猪窝生产队、叶

1994年甘孜州公路养护总段荣获甘孜州安全保卫先进集体表彰，赖正荣（前排左二）代表单位领奖（赖正荣供图）

胡开贵烈士的儿子小时候的照片
（赖正荣/供图）

早生产队的知青点。赖正荣就常驻在知青点，要照看好知青的吃穿住行，两年后，才又调回总段。1976年，单位推荐赖正荣到泸州公安干部管理学院学习刑事侦查。半年以后他回到总段，任保卫科的保卫干事，负责安全保卫、普法等工作，还得过不少普法奖励。1978年，赖正荣任落实政策办公室主办。针对运动中受到影响的200多名职工，他受委派去查档案、翻资料，核实情况，再上报领导班子，最后为这些职工都落实了政策。赖正荣还担任过甘孜州公路局的机关党委副书记。退休后，赖正荣回到新津的老家，但还不忘发挥余热，当上了镇上的监察员，提过很多合理化建议，连年被评为镇上的优秀党员。

第七节

军民共建谱新篇

为了捍卫边疆安全，维护涉藏地区的稳定，部队的军车常年在川藏线上驰骋。在很多艰险的路段，一旦遇到困难，甘孜公路人总是第一时间出现在眼前，没有抱怨和沮丧，有的是无私的援助和温暖的笑脸。早在20世纪川藏北线和南线通车开始，部队和地方间的血肉联系更加紧密，军民共建文明运输线的氛围越来越浓厚。

泸定分局的退休职工陈文蓉提到，20世纪80年代，她曾作为军民共建的宣讲者，在全省讲述发生在康巴高原上的军民鱼水情。康定分局的何康明20世纪90年代初在雅江剪子弯山道班上班。一天早晨，他正在吃早饭，就看到一辆运送物资的军车翻下坡去。何康明说声出事了，忙叫上3个工友，一起往事故地点奔去。到了一看，3个人被甩出来，何康明4个人齐心协力把伤者抬上公路，其中有2名战士伤势过重，当时就殉职了，另外一个是营部的通信员，经过抢救从死亡线上被拉了回来。

曾任总段政治处主任的冯柏青老人说，那时，道班和部队的关系非常融洽，如果遇到军车受阻，道班工人们总是马上抢通，还给官兵们送饭、送水，让他们感受到公路人的温暖。如理塘的204K道班和229K道班等，还被部队官兵们亲切地称为"编外兵站"。

2008年，甘孜州承担了很重的维稳任务。为确保道路畅道，战斗在

20世纪70年代末，驻甘孜地区的56102部队参与共建文明路段（甘孜州公路建设服务中心资料图片）

海拔4760米的甘孜公路分局雀儿山三道班、四道班、五道班、六道班，在3月安全及时护送军车260余辆。

2008年3月中旬，康北各县普降大雪，整个雀儿山都笼罩在一片雪雾中，分不清东南西北。得知当天有车队通过，雀儿山四道班、五道班的职工，凌晨5时就上路推雪。在视线极差的情况下，推雪机操作手凭着高超的驾驶技术，沿着"若隐若现"的公路，清除公路上约1米厚的积雪，修复了坍塌路段，通过10个多小时的努力，终于抢通了危险路段。为让车辆顺利通行，许多职工随便啃一口冰冷的干粮充饥，抓一把雪解渴，又冒着漫天的大雪继续工作，直到深夜才回到班组。连续好多天，职工们几乎没有睡过一个安稳觉。

军车车队经过雀儿山，由于雪天路滑，出于安全考虑，六道班的几名职工抄捷径徒步将部队带下山，又联系分局调了20名熟悉此段路况的驾驶员，将车辆安全开到山下。在"石门槛"处有军车陷入雪坑，用推雪机不便操作，五道班职工就用方耙、铁铲、十字镐等工具，一点点地

军民共建文明川藏线协商对话会（甘孜州公路建设服务中心资料图片）

铲除积雪，再铺上沙子、石块，奋战3个多小时，解除了危险，让军车顺利通过。

部队车辆路过雀儿山时，交通管理员发现部队部分驾驶员，因缺少冰雪道路行驶经验，防滑链条挂得不规范，道班职工就帮助军车挂链条。这以后，帮助军车挂链条就成了道班职工每天的一项重要工作。

连续的野外作业，大部分职工患上了重感冒，嘴唇发紫，咳嗽不停。但为了确保部队车辆安全及时通过，没有一个人休息，全部带病坚守岗位。甘孜县分局的领导抱病坚持驻守，靠前指挥，甘孜州公路局一名副局长，坚持每天上山巡查，自费为班组职工购买蔬菜、猪肉，保证了部队车辆安全通行。

2008年3月，道孚分局、甘孜分局沿路养护站和交警连续多日在路上帮助过往军车通行。3月19日，37班救援滑入边沟的军车安全离开。3月20日凌晨1时许，车队抵达道孚，食宿发生困难。道孚公路分局主动为军车车队安排食宿，动员机关全体人员，包括家属为车队官兵腾房，烧水做饭。许多职工主动让出自家床位，安排战士们休息。许多职工主动拿出家里的米、面、肉、蔬菜等解决战士的吃饭问题。3月21日，甘孜分局为承担守护雅砻江大桥的100多名官兵腾出守桥班的7间住房，并为部队解决照明、取暖等问题。同日，新都桥公路分局27班班长铁群贵和装载机驾驶员张林救援一辆翻下山坡的军用越野车，并将受伤官兵从20多米的坡下扶上公路。下午5时许，武警某部车辆在翻越卓达拉山时，有车辆陷入雪中，车队无法前进，甘孜分局副局长邹显锡立即带领人员赶到现场，连续奋战10多个小时，疏通道路，安全护送武警车队翻过卓达拉山。3月19日，雀儿山四道班、五道班推雪机手杨玉祥、曾双全、谭定敏、李明等4人早上5点就上路推雪，推雪机24小时不熄火，在遇到多辆军车车队翻雪山遇到危险时，便用一台推雪机带路，一台推雪机殿后安全护送车队过山。21日，又有一批子弟兵车队过雀儿山，由于雪大路滑，带队领导命令车上所有官兵下车步行下山。正在雀儿山检查安全工作的州公路局副局长罗卜泽里、甘孜分局局长范可，六道班班长易新华和两名职工将子弟兵安全护送至六道班，分局小车驾驶员邓珠帮助部队将一辆军车开到山下安全地带。班组职工程建华、曾双全、梁志刚、范兵、谭定敏、袁贤贵、赵吉国、易新华、罗启勇、张国红带病坚守岗位。分局长范可身患重感冒，仍在70班指挥车队通过。3月，石渠公路分

2008年3月，石渠分局马石路部分职工与部队官兵合影（甘孜州公路建设服务中心资料图片）

局共救助9辆过往军车。

过往军车官兵被沿途公路养护职工火一样的热情所感动，他们衷心感谢沿途公路职工的帮助，并一再向沿途养路职工表示崇高的敬意。①

① 甘孜州公路管理局《州公路志》编纂委员会编：《甘孜藏族自治州公路局公路志》（1993—2008），电子科技大学出版社，2010年。

天路见证

第五章　最美的路最美的人

天路见证

　　穿越70年的岁月烟云，川藏线上筑路、养路人鲜活的面容仿佛就在眼前。那些踔厉奋发，不断书写高原公路传奇的公路人的身姿，就像一座座雄伟的雕塑，挺立在雪山之巅。历史车轮滚滚向前，必将留下深深的辙迹，让我们永远记住川藏线上的每一个故事。新时代，我们走到了"两个一百年"奋斗目标的历史交汇点，为了国家富强、人民幸福，伟大的"两路"精神必将永远传承。我们愿天路见证……

第六章

历史丰碑上深深的辙迹

天路凡

甘孜州公路建设服务中心历史沿革

1950年2月至7月
雅甘工程处（辖川康、康青两个
技术大队）

1950年7月至1951年3月
西南军区支援司令部工程处

1951年3月至1951年12月
西南军区司令部川康青工程处
（后恢复称雅甘工程处）

1952年1月至1953年2月
西南军政委员会交通部康定国道
管理局

1953年3月至1954年1月
中央人民政府交通部西南公路
管理局康定国道管理局

1954年2月至9月
西南行政委员会交通局康定国道
管理局

1954年9月至1955年12月
康定国道管理局交由西康省交通
厅暂管，称谓未变

1956年7月至1957年4月
四川省交通厅康定国道管理局

1957年5月至1958年6月
四川省交通厅公路局康定养路总段

1958年7月至1962年8月
甘孜藏族自治州交通局

1962年9月至1999年1月
四川省甘孜公路养护总段

1999年1月至2020年
甘孜藏族自治州公路养护总段与
甘孜州交通局直属公路管理处合
并为甘孜藏族自治州公路管理局
（正式挂牌）

2021年—
甘孜藏族自治州公路建设服务中心

甘孜州公路建设服务中心各历史时期机构概览

时间	名称	隶属机构	负责人		地址	备注
			正职	副职		
1950年2月至7月	雅甘工程处（辖川康、康青两个技术大队）	西南公路管理局	**工程处处长** 孙效中 **川康大队大队长** 谢元模 军代表 周长发 **康青大队大队长** 陈奕乙 军代表 付春良	**川康大队副大队长** 蒋钰霖 **副军代表** 张来朝 **康青大队副大队长** 彭天根 **副军代表** 张林治	雅安	未查到准确任职时间
1950年7月	西南军区支援司令部工程处	西南军区支援司令部			雅安	无负责人名单
1951年初	康青工程总段	西南军区支援司令部	**总段长** 陈奕乙		雅安	无副职名单

时间	名称	隶属机构	负责人		地址	备注
			正职	副职		
1952年1月1日至1957年4月	康定国道管理局	西南军政委员会交通部（1952年1月） 兼受西康省交通厅领导（1952年6月） 中央人民政府交通部西南公路管理局（1953年3月） 西南行政委员会交通局（1954年2月） 西康省交通厅（1954年9月） 四川省交通厅（1956年1月）	**局长** 付奔涛（1952年1月—8月） **局长** 磨力（1953年3月—1957年2月）	**副局长** 陈德明（1952年1月—1957年4月）、刘海通（1952年1月—1953年3月）、孙仁洲（1957年2月—4月） **总工程师** 刘海通（1953年3月—1957年4月） **政治办公室主任** 高玉贵（1956年8月—1957年4月）	康定	
1956年7月	四川省交通厅公路局康定养路总段	四川省交通厅公路局	**总段长** 孙仁洲（1957年4月—1958年6月）	**副总段长** 金来临（1957年12月—1958年6月） **党委副书记** 刘芳凯（1957年4月—1958年6月） **工会主席** 曹树恒（1957年4月—1958年6月）	康定	

时间	名称	隶属机构	负责人		地址	备注
			正职	副职		
1958年7月1日至1962年9月1日	甘孜藏族自治州交通局	甘孜藏族自治州人民政府	局长 孙仁洲（1959年7月—1963年8月） 党委书记 李维章（1958年8月—1961年11月） 任杰（任期约半年）	第一副局长 李维章（1959年7月—1961年11月） 副局长 刘芳凯（1959年7月—1960年）聂秉忠（1959年7月—1962年8月）韩廷虎（1959年7月—1963年）王若汉（1960年12月—1962年8月） 工会主席 曹树恒（1958年7月—1962年8月）	康定	
1962年9月1日至1965年	四川省甘孜公路养护总段	四川省交通厅公路局	党委书记 孙仁洲（1962年9月—1962年11月）	党委副书记 王运绪（1963年1月—1979年5月） 副总段长 韩廷虎（1973年10月—1979年10月）王若汉（藏族）（1962年9月—1972年11月） 主任工程师 黄世依（1962年12月—1964年）		
1965年至1966年	四川省甘孜公路养护总段	四川省交通厅公路局	党委书记 王祥珠（1965年12月—1979年10月）	副总段长 惠建昌（1973年10月—1979年11月）、王若汉（藏族）（1962年9月—1972年11月） 政治处主任 牛在田（1964年8月—?）		
1969年至1972年	四川省甘孜公路养护总段革命委员会	四川省交通厅公路局	主任 李斌（军代表1969年—1970年9月） 刘金童（军代表1970年9月—1972年5月）	副主任 王祥珠（领导干部1969年9月—1979年7月）、惠建昌（领导干部1969年9月—1979年7月）、廖代芬（女，群众代表1969年9月—1979年7月）、熊楚衡（群众代表1969年9月—1979年7月）		

时间	名称	隶属机构	负责人		地址	备注
			正职	副职		
1973年至1979年	四川省甘孜公路养护总段革命委员会	四川省交通厅公路局	党委书记 王祥珠（1973年9月—1979年7月）	党委副书记 王运绪（1963年1月—1979年5月） 副总段长 韩廷虎（1973年10月—1979年10月）王若汉（藏族）（1962年9月—1972年11月） 主任工程师 黄世依（1962年12月—1964年）		
1965年至1966年	四川省甘孜公路养护总段	四川省交通厅公路局	党委书记 王祥珠（1965年12月—1979年10月）	副总段长 惠建昌（1973年10月—1979年11月）、王若汉（藏族）（1962年9月—1972年11月） 政治处主任 牛在田（1964年8月—？）		后两年因"文革"影响领导班子工作停滞
1969年至1972年	四川省甘孜公路养护总段革命委员会	四川省交通厅公路局	主任 李斌（军代表1969年—1970年9月） 刘金童（军代表1970年9月—1972年5月）	副主任 王祥珠（领导干部1969年9月—1979年7月）、惠建昌（领导干部1969年9月—1979年7月）、廖代芬（女，群众代表1969年9月—1979年7月）、熊楚衡（群众代表1969年9月—1979年7月）		
1973年至1979年	四川省甘孜公路养护总段革命委员会	四川省交通厅公路局	党委书记 王祥珠（1973年9月—1979年7月）	副书记 韩廷虎（1973年9月—1979年）、惠建昌（1973年9月—1979）、王运绪（1974年—1979年5月） 副主任 解子安（1973年7月—1979年7月）王若汉（藏族，领导干部1972年12月—1979年7月） 政治处主任 吴荣山（1973年9月—1979年10月）		

时间	名称	隶属机构	负责人		地址	备注
			正职	副职		
1979年至1983年	四川省甘孜公路养护总段	四川省交通厅公路局	党委书记兼总段长、纪委书记 解子安（1979年10月—1983年12月）	副书记 吴荣山（1979年10月—1982年5月） 马小生（1979年10月—1983年12月） 副总段长 惠建昌（1979年10月—1983年12月） 王若汉（藏族）（1979年10月—1983年12月） 高天贵（1979年11月—1983年12月） 顾问 韩廷虎（1979年10月—1986年7月） 政治处主任 马小生（1979年10月—1983年12月）		
1983年至1990年	四川省甘孜公路养护总段	四川省交通厅公路局	党委书记 王若汉（藏族）（1983年12月—1990年10月） 总段长 张邦尧（1983年12月—1990年10月）	副书记 马小生（1983年12月—1985年3月） 王培君（1983年12月—1987年3月） 副总段长 李万蓉（女）（1983年12月—1990年10月） 地本（藏族）（1983年12月—1990年10月）		
1990年至1999年	四川省甘孜公路养护总段	四川省交通厅公路局	党委书记 地本（藏族）（1990年10月—1999年5月） 总段长 张邦尧（1990年10月—1994年9）	副书记兼纪委书记 多吉泽仁（藏族）（1990年11月—1999年12月） 副总段长 李万蓉（女）（1990年10月—1994年3月） 魏崇岚（1990年12月—1999年5月） 杨永康（藏族）（1990年12月—1999年5月） 政治处主任 冯柏青（1990年12月—1999年5月）		

时间	名称	隶属机构	负责人		地址	备注
			正职	副职		
1999年至2007年	四川省甘孜藏族自治州公路管理局	甘孜州交通局	**党委书记、局长** 西绕绒波（1999年5月—2007年11月）	**副书记兼纪委书记** 江平 **副书记兼副局长** 刘江（2006年7月—2007年11月） **副局长** 魏崇岚（1999年5月—2004年） 杨培旭（1999年5月—2007年11月） **工会主席** 晏朝顺（1992年6月—2007年11月） **总工程师** 刘军儒（1998年—2005年）	康定	
2007年至2016年	四川省甘孜藏族自治州公路管理局	甘孜州交通局（2007—2008年） 甘孜州人民政府	**党委书记、局长** 刘江（2007年11月—2016年）	**副书记兼纪委书记** 杨培旭（2007年11月—2016年） **副局长** 更登格西 肖星义 罗卜泽里 **总工程师** 闻琼 **政治处主任** 廖虎 **工会主席** 学英	康定	
2016年9月至2020年10月	四川省甘孜藏族自治州公路管理局	甘孜州人民政府	**党委书记、局长** 赵景红	**副书记兼纪委书记** 冯艳 **副局长** 更登格西 肖星义 罗成和 薛刚 **政治处主任** 廖虎 **工会主席** 学英 **总工程师** 张洪	康定	

时间	名称	隶属机构	负责人		地址	备注
			正职	副职		
2019年11月至2021年11月	甘孜藏族自治州公路建设服务中心	甘孜州交通局	**党委书记、局长**（主持州公路建设服务中心工作）王强	**副书记** 冯艳 **副局长** 更登格西 罗成和 薛刚 **政治处主任** 廖虎 **工会主席** 学英	康定	
2021年11月至2022年11月	四川省甘孜藏族自治州公路建设服务中心	甘孜州交通局	**党委书记、主任** 四郎益西	**副书记** 冯艳 **副主任** 罗成和 薛刚 **政治处主任** 学英	康定	
2022年11月至今	四川省甘孜藏族自治州公路建设服务中心	甘孜州交通局	**党委书记、主任** 代大鑫	**副书记** 冯艳 **副主任** 罗成和 薛刚 **政治处主任** 学英	康定	

参考文献

王立显.四川公路交通史 上册 ［M］.成都：四川人民出版社，1989.

黄登明，王立显.四川公路交通史（第二册）［M］.成都：四川人民出版社，1998.

西藏自治区公路交通史志编写委员会.西藏公路交通史［M］.北京：人民交通出版社，1999.

拉巴平措.任乃强藏学文集［M］.北京：中国藏学出版社，2009.

林田.藏行记实［M］.北京：中国藏学出版社，1997.

纪念川藏青藏公路通车三十周年筹委会办公室，西藏自治区交通厅文献组.纪念川藏青藏公路通车三十周年文献集 第一卷：文献篇［M］.拉萨：西藏人民出版社，1984.

纪念川藏青藏公路通车三十周年筹委会办公室，西藏自治区交通厅文献组.纪念川藏青藏公路通车三十周年文献集 第二卷：筑路篇（下）［M］.拉萨：西藏人民出版社，1984.

纪念川藏青藏公路通车三十周年筹委会办公室，西藏自治区交通厅文献组.纪念川藏青藏公路通车三十周年文献集 第三卷：英烈篇、艺文篇［M］.拉萨：西藏人民出版社，1984.

政协成都市青羊区委员会学习文史委员会. 修筑川康青公路的回顾［J］. 少城文史资料（第八辑），1996（1）.

张学亮. 高原天路——康藏公路建成通车［M］. 长春：吉林出版集团有限责任公司，2011.

张小康. 雪域长歌——西藏1949—1960［M］. 成都：四川人民出版社，2014.

文艳林. 甘孜藏区叛乱对周边地区尤其是西藏的影响［J］. 康定民族师范高等专科学校学报. 2002，11（1）.

四川省地方志编纂委员会. 四川省志·交通志（上册）［M］. 成都：四川科学技术出版社，1995.

赵宏. 康区土司［M］. 北京：中国文化出版社，2011.

贺淑明. 爱，在雪域川藏线上延伸［N］. 四川甘孜州公路管理局公路养护网，2019-04-13.

谷雨，陈晓，江兰. 噫，蜀道——从先秦石栈走入现代大交通［M］. 北京：中国工人出版社，1993.

高平. 修筑川藏公路亲历记［M］. 北京：中国藏学出版社，2001.

雅江县志编纂委员会. 雅江县志［M］. 成都：巴蜀书社，2000.

路宣. 雪山养路人——记全国优秀共产党员陈德华［J］. 四川党的建设（城市版），1997.

甘孜州公路管理局，《州公路志》编纂委员会. 甘孜藏族自治州公路局公路志（1993—2008）［M］. 成都：电子科技大学出版社，2010.

刘小兵. 川藏线上的活雷锋——记全国岗位学雷锋标兵刘德贵［N］. 甘孜日报，2019-03-05.

罗世勋. 当代四川公路桥梁［M］. 成都：四川科学技术出版社，1988.

谢蔚明. 康藏公路纪行［M］. 上海：上海出版公司，1955.

杨瑾. 康藏公路［M］. 上海：新知识出版社，1956.

后 记

　　经过一年多的努力，这本《天路见证——川藏公路甘孜段"两路"精神传承史》终于和读者见面了。回想这一年多来的时光，不由感慨万千。这是我职业生涯中很有意义的一次经历，接触到的每一个人，每一段回忆都让我感动。可以说，通过这本书的采写，我也荣幸地成为川藏公路甘孜段近70年壮丽历史的见证人之一，这段经历弥足珍贵。

　　川藏、青藏公路被藏族人民称作"美丽的天路""幸福的金桥""吉祥的彩虹"，其中川藏公路甘孜段的川藏北线国道317线与川藏南线国道318线，多年来一直是旅游热线，美丽的风景与独特的人文遗迹，引得人们纷至沓来。在饱览川藏线壮美的自然风景与丰富的人文景观的同时，很多人都会不由自主地追问这条路的修筑与养护历史。以前，关于川藏路修筑历史的书出版了不少，然而，关于川藏线养护的公开出版的书，却凤毛麟角。因此，能够有机会执笔采写这本书，我内心是十分激动，也颇感惴惴的。

　　"两路"精神是中国共产党人精神谱系的重要组成，深入理解其"一不怕苦、二不怕死，顽强拼搏、甘当路石，军民一家、民族团结"这一精神内涵，更好地讲述甘孜公路人近70年艰苦奋斗、默默奉献的故事，不忘初心，不忘为什么出发，让更多的人知道这段历史，并传承这一伟大的精神，是编写并出版好这本书的首要任务。在2022年的采写过程中，正值疫情防控的关键时期，给采写工作带来了很多不便与压力，也使得写作、出版时间迁延。在甘孜州公路建设服务中心的大力支持下，中心分管领导冯艳副书记派出专人协助，编写小组纵横2000多公里，深入国道317、318沿线与部分重要支线，采访了数十位基层养护站的一线干部、职工以及多位离退休领导与职工；在二郎山、剪子弯山等多个老道班原址，在折多山、海子山积雪的道路旁，在咆哮的大渡河、鲜水河、金沙江畔，在雀儿山下张福林烈士的墓前，在施工间隙的工地上，在干休所和职工们的家里……他们生动的讲述、深情的回忆，丰富了这本口述史图书的内容，同时也很好地诠释了"两路"精神的深刻内涵。

2022年6月，我们开始沿着国道317线采访，从康定出发历经道孚、炉霍、甘孜直到德格。其时的康巴高原，到处鲜花盛开，在蓝天白云雪山的映衬下分外美丽。尤其引人注目的是高原的油菜，虽然矮小，但一片一片，金黄耀眼。在平原地区，此时已经进入了夏天，而高原才是春意盎然。然而我们却没有多的时间欣赏高原的美景，由于要采访的人较多，且路途遥远，必须上午赶路，下午采访，有时一坐下来就是连续几个小时，直到夜色深沉。之后，我们经历了新冠疫情几个月的紧张防控，直到10月下旬，第二次沿川藏南线即国道318线的采访才成行。记得当时翻过折多山之后，阳光灿烂的天气让人神清气爽。这一次从康定到雅江、理塘、乡城、稻城再到巴塘，比起上一次路途更远，采访人数更多，强度更大，但是经过近10天的艰苦努力，终于完成了采访任务，也算是功不唐捐。采访中，得到了沿线公路管理分局领导和职工们的大力支持，他们提前准备，使采访工作得以顺利进行。甘孜公路人淳朴、坚韧的性格，还有温暖、憨厚的笑容，让人难以忘怀。这笑容的背后，是几代甘孜公路人"敢叫高山低头，敢叫河水让路"大无畏英雄气概的薪火相传；是冒风雪、斗坍方、战水毁，几十年如一日养护公路的不屈坚守；是倾情付出，助人为乐，不计回报的默默温情……他们就像雪域高原上的小花，看着并不起眼，却开得那么灿烂，那么耀眼——他们就是新时代最美的人。

在本书的写作中，也遇到了不少的困难。当年甘孜州公路养护总段和甘孜州公路管理局编纂的两本公路史志，为本书提供了坚实的史料基础，尤其是几代甘孜段重点宣传的劳动模范的资料，比较翔实。然而因时间跨度大，涉及的点位和事件多，一些时间、人物、事件等记录与采访内容存在一定的差异，也因年代久远，受访人年迈记忆模糊，出现了资料之间相互矛盾等问题。在甘孜州公路建设服务中心的领导下，中心宣教法规科等部门的人员全力以赴，对书稿中的史实进行校核，并与笔者多次到甘孜州档案馆进行查询，以馆藏资料作为印证，并参考口述内容、民间收藏资料等，四次修改书稿，最终使书稿顺利完成。撰写书稿初期，笔者感染新冠病毒，全身酸痛，高烧不退，仍坚持不懈，不久后又遭失怙之痛，稍一恢复精神，就立即重新投入工作……因此这本书的写作过程，可谓刻骨铭心。

在采访和书稿撰写、修改等一系列工作中，我得到了各方的帮助。首先要感谢甘孜州公路建设服务中心领导班子的关心和大力支持，感谢王若汉、杨永康、魏崇岚、冯柏清、赖正荣、马明寿、赵发荣、朱定全等老同志接受采访并提供资料；感谢中心宣教法规科杨宪蓉、邓佳、贺淑明、陈勇、杨健康等同志不辞辛劳，协助采访并核实史料、校对书稿以及提供图片资料；各分局领导、老同志和养护站的职工们，你们倾情的讲述，奠定了本书丰富的内容，在此一并表示感谢；感谢电子科技大学公共管理学院副院长韩洪教授对本书提供的学术支持；感谢钟学隽、胡日森、荣建忠、王大炜、王大明等提供的摄影与史料支持；感谢其他为本书提供了支持帮助的人。

四川大学出版社在本书出版过程中，积极提供了帮助，在此特别感谢！

书中除署名图片与资料图片外，均为笔者、钟学隽拍摄。

由于甘孜州地域广大，这次的书写基本是围绕川藏线展开，还有不

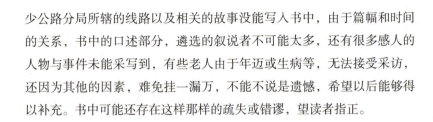

少公路分局所辖的线路以及相关的故事没能写入书中，由于篇幅和时间的关系，书中的口述部分，遴选的叙说者不可能太多，还有很多感人的人物与事件未能采写到，有些老人由于年迈或生病等，无法接受采访，还因为其他的因素，难免挂一漏万，不能不说是遗憾，希望以后能够得以补充。书中可能还存在这样那样的疏失或错谬，望读者指正。

雷位卫